交渉学ノススメ

交渉を成功に導く「メソッド」とは？

NPO法人
日本交渉協会 編
安藤雅旺 監修

生産性出版

はじめに　交渉学で自らの生き方、社会との関わり方を考える

交渉学が学問として産声をあげたのは、1973年になります。米国ハーバード大学でハマンドが開いた講座が、そのはじまりでした。その後、交渉学が一躍有名になったのが1981年のことであり、この年にロジャー・フィッシャーとウイリアム・ユーリーによって『GETTING TO YES』が、米国で出版されました。

当時、米国市場では大きな反響があり、翌年には日本でも『GETTING TO YES ハーバード流交渉術』（TBSブリタニカ刊）として翻訳出版されました。

この本はもともと米国人に向けて書かれた本でしたが、日本においてもベストセラーとなり、現在でも根強い人気があります。交渉学はその後も米国を中心としてさまざまなアプローチによって研究が行われ、多くの書籍が出版されてきました。

日本で最初に交渉学を研究したのは、NPO法人日本交渉協会の創設者であり、名誉理事長である藤田忠です。1970年代にハーバード大学で研究員として学んでいた際に交渉学と出会い、帰国後、日本の大学で交渉学の講座をスタートし

ました。

藤田は日本交渉学会、そして日本交渉協会を設立し、この活動を同協会副理事長である土居弘元が支え、同協会専務理事である奥村哲史が受け継いできました。日本では藤田、土居、奥村の三教授の努力によって交渉学の火が灯され続けてきた歴史があるといってもよいでしょう。

今日の日本では交渉というとお互いの腹のさぐり合いや、自分の要求を相手に飲ませるための画策、自らが勝つことを最優先にした手法といったマイナスのイメージが強くあります。

しかし、交渉を別の側面で見ると、信頼関係をベースにして力を合わせる、双方の利害をうまく調整する、お互いの問題を協力して解決するなどのプラスの側面も多くもっています。

私たちが交渉学を学ぶ意義は、現実の人間社会を直視し、厳しい対立の中においても、対話を通じて双方にとってより良い道（解決策）を見出すことができる力を身につけ、実践することにあります。交渉とは信頼を築く力であり、他者と共に生きるための知恵であるといえます。前述した日本交渉学の祖である藤田忠は交渉について、次のように述べています。

ゼロサムの相互が不信の哲学に立つとき、両者は共倒れになるのである。これが過当競争の結果であり、破壊的競争のもたらすものである。そこでもとめられるのが燮《やわらぎ》の交渉である。

交渉は人間関係である。厳しい対立の人間関係である。しかし、相手を否定する人間関係ではない。そこに人間的ぬくもりが求められる。やわらかさのある交渉である。それが燮の交渉である。これがタフな交渉者の力なのである。

こうした観点から考えると交渉学は決して「交渉術」ではなく、その人の生き方、他者や社会への関わり方を学ぶ「交渉道」といってもよい学問だと思います。交渉は「交渉術」という表現でたびたび紹介されてきました。私たちは交渉術のレベルにとどまってはいけないと考えています。

術のレベルであれば、そこに哲学はなく、単なる道具の一つに過ぎません。己の利益のみを考え、権謀術数の限りを尽くし繰り出す交渉術は、社会にとって百害あって一利なしの代物となります。

交渉を学問として学び、実践して交渉道のレベルまで高めることが重要なのです。前述したように、交渉とは、自らの他者や社会に対する関わり方であり、自身の生きざまの一部ともいえるのです。

厳しい対立状況下にあっても、多くの困難をともなっても、共通の志を見出し、協働し、必死で知恵を巡らして、自利利他円満の道を歩む。

本書をきっかけにしてそのような徳を兼ね備えたタフな交渉者を目指す人が増え、学びをともに実践し拡げていくことができれば幸甚です。

平成29年7月吉日

ＮＰＯ法人　日本交渉協会
安藤　雅旺

第3章　『交渉学原論』概論

第4章　交渉学の基礎

第5章 交渉の段階と実践 「交渉進化モデル」

交渉学の実践と応用3

「会議」をしっかり交渉する

第1章

日本の交渉学の礎《いしずえ》

人生を大きく変えた「交渉学との出会い」

人生にはさまざまな出会いがあります。ときに、それがその後の人生を変えることもあります。私にとって、「交渉学」との出会いは、まさにそうしたものでした。そのきっかけとなったのが、１９７３～１９７４年にかけた、ハーバード・燕京研究所への客員研究員としての滞在でした。

当時、私は「企業財務論」の研究者で、その研究のためのハーバード滞在でしたが、このときの体験が、私の学者人生における一大転機となり、研究テーマを「交渉問題」へと大きく変えることとなったのでした。

不惑を過ぎてから、一介の学者が研究対象を変えるのは「中流に馬を変える」たとえのように、川に落ちる身のごとき危険性を感じてはいました。しかし、その危険性を冒しても「交渉問題」の研究に取り組みたいと思っていました。それほど私がハーバードで受けた衝撃は、強烈だったのです。

私が「交渉問題」に最初に出会ったのは、ハーバード・ビジネス・スクールでスタートしたばかりの「交渉」のクラスを聴講したときでした。私が聴講した目的は、あくまでも「意思決定論」を財務に応用研究することがメインでした。

ところが、このクラスをのぞいてみると、そうした本来の目的は雲散霧消し、一気にその内容のおもしろさに引き込まれました。何より驚かされたのは、使うテキストの中やクラスの討論でしばしば登場した「脅し」「恫喝」という言葉です。

たとえば、ハーバード大学で学期がはじまるころに協同組合の書籍販売部へ行くと、いつも山のように積んである本がありました。T・Schellingという経済学者の「Strategy of Conflict（対立の戦略）」という本です。これはハーバード大学の、特に政治学や経済学専攻の学生の必読書であり、その本の中にさかんに「脅し」や「恫喝」などについての分析が出てくるのです。

ハーバード大学は、アメリカ社会の一大エリート供給源です。毛並みの良い、誇り高き知性が集う場所です。その機関のひとつであるハーバード・ビジネス・スクールも、アメリカではもっとも由緒あるビジネス・スクールとして知られ、他のビジネス・スクールを出た者と給料にも格段の差がありました。

そうしたアメリカの政治や経済を牛耳るエリート集団の頭に、「脅し」や「恫喝」という、日本人にとって穏やかならぬ、物騒な言葉がセットされていることに、私はとにかく驚嘆しました。

それと同時に、この言葉が、私が「交渉問題」について研究をはじめる契機ともなったのです。なぜなら、「交渉」や「交渉力」という問題を追っていくにつれて、そこには単なる技術的な駆け引きの問題だけでなく、もっと民族的・歴史的・文化的な違いが、大きく影響しているように感じ取れたからです。

ちょうどそのころ、第一次オイルショックが発生し（1973年秋）、日本ではトイレットペーパーがなくなったとの新聞報道がありました。

このとき日本は、抜け駆け的に三木武夫氏や中曽根康弘氏を特使としてアラブに派遣していました。しかし、日本から遠く離れたアメリカという「外」から見ていると、それは「交渉」ではなく、「土下座」でした。ところが、日本の新聞ではこぞって三木・中曽根両氏を国民的英雄扱いしていたのです。一方、アメリカのマスコミ、たとえばニューヨーク・タイムズやボストン・グローブなどでは反日キャンペーンを行っていました。

この状況に対して、私は大変なことになっていると感じていました。こうした日本的な「交渉スタイル」が私には、きわめて不利な、実りのない「交渉」になりかねないと強く思えたのです。「日本が国際社会の中で、欧米の世界に通用する交渉力を持たなければ、『世界の異国』として取り残されるのではないか」。そうした危惧に駆られた私は、ひとりでも多くの日本人が「交渉」に関心を持ち、タフな、手強い「交渉者」となって欲しいと切に願い、研究テーマを「交渉問題」へと転換する一大決意をしたのです。

「交渉学」とは何か？

「交渉学」と聞くと、少なからずの人が「交渉力をいかに養うか」のテクニックを研究するものをイメージするかもしれません。もちろん、「交渉学」の中には、そうした部分があります。しかし、そのための研究では決してありません。

交渉学は一人ひとりの「交渉力」だけでなく、「交渉」そのものを上手に進めるための方法を科学的に研究するための学問です。

では、「交渉」とはそもそも何でしょうか？

国語辞典を見ると、「かけあうこと、談判」とあります。さらに「かけあうこと」と「談判」を調べてみると、前者は「話し合うこと」、後者は「あることの始末、または取り決めについて、立場の異なる相手と意見をたたかわせること」とあります。

つまり、「交渉」とは、当事者たちが「言葉」を通じて、お互いの間にある何らかの問題を解決しようとする活動なのです。

英語では、交渉を「negotiation」といいます。これは「neg」と「otium」という2つのラテン語に由来します。「neg」は「～でない（否定）」、「otium」は「静謐、安楽、平易、レジャー」という意味です。つまり、「negotiation」のもともとの意味は、「静かでも、楽しくも、やさしくもない」ということになります。英語にこの言葉が入ったのは、1590年代のことだそうですが、英語を母語とするアングロサクソン人にとっては、交渉は「つらいこと」なのでしょう。その一方で、「negotiation」には、「困難・障害などを切り抜ける」という意味もあります。ということは、アングロサクソンの人たちは「negotiation」を、「どんなにつらくても、なんとかやり抜くもの」と、とらえていると解釈することができます。

そして、そのための「理論」を科学的に研究しているのが、「交渉学」なのです。

1970年から「交渉」の研究はスタート

ただ、「交渉」が前述したように、学問の対象として取り上げられるようになったのは、1970年代前半であり、その歴史は比較的新しいものです。

もちろん、交渉は人類の歴史がはじまって以来、行われていました。なにせ、この世は人間関係により成り立っています。そして、人間がふたり以上集まれば、そこに意見の相違が生まれます。人間関係とは、総じて「対立関係」なのです。

その対立を解決するために、「戦争」「闘争」「交渉」など、さまざまな方法がとられてきました。

「戦争」は、軍事力や暴力などの物理的な力を使って、対立の解決を図る行動です。「闘争」も暴力などの物理力を行使するものですが、こちらの場合、殺害は許されません。「交渉」は、暴力などの物理力に代わって、心理力を利用して対立を解決する行動です。この心理力には「脅し」や「恫喝」も加わります。

この中で、洋の東西を問わず、昔から重視されてきたのは「戦争」でしょう。そのため「戦争」に関する研究は古くから行われてきました。『孫子の兵法』しかり、クラウゼヴィッツの『戦争論』しかり、です。

一方の「交渉」も、とくにヨーロッパにおいて、主に外交に携わる人々により、その理論が築かれていきました。というのも、ヨーロッパにおいては、力の均衡を保つことが国の存亡を決めるため、戦争だけでなく、外交での解決も必要とされたからです。たとえば、マキャベリの『外交論』や、カリエールの『外交談判法』などは、現代にも通じる「交渉」について述べた名著です。しかし、両者とも「科学」として研究されるようになったのは20世紀のことです。

「戦争」の科学は、第二次世界大戦時にイギリスで、「オペレーションズ・リサーチ（OR：Operations Research）」という形ではじまりました。これは、ヒトラーが率いるドイツの攻撃に自らをどう防衛するかを、関連諸学を統一的に応用しながら研究するものでした。

「交渉」の科学は前述した通り、それよりも遅く、1970年代にハーバード・ビジネス・スクールの研究者たちによってはじまりました。こちらも関連諸学、たとえば、OR、組織理論、心理学、ゲーム理論、意思決定論などの知識を援用して「交渉」を科学的に研究する形で興りました。

対立の解消法として重視される「交渉」

現在は、対立の解消として、「交渉」が重要視されています。

国家間においても、「戦争」という暴力を使っての解決の前にまず、「交渉」という話し合いでの解決が優先されるようになってきています。しかも、第二次世界大戦後の大きな特徴として、そうした国家間の交渉が、かつてのように密室ではなく、公衆の目に触れる形で行われるようになりました。

組織においても、かつての封建的領主と従属者との間で行われた「一方的な命令」で物事を決めるのではなく、当事者たちが「対等」な立場に立ち、話し合いで物事を進めることが主流になっています。

私たちの日常に目を向けても、家庭内での親子関係、夫婦関係、兄弟関係、さらには、友達関係、モノやサービスを売り買いする際の関係などでも、しばしば「交渉」が行われています。

まさに現代は、「交渉の時代」なのです。そして、今後ますます、その傾向は強くなっていくと考えられます。私たち一人ひとりは、この世を生き抜いていくために、よりタフな「交渉者」になることが求められているのです。

交渉を毛嫌いする日本人

ところが、こうした「交渉の時代」において、私たち日本人は、どうも交渉下手なのです。というより、そもそも「交渉」ということを好まない傾向があるのです。

交渉の「駆け引き」は不可欠な戦術のひとつですが、日本で「あの人は、すぐ駆け引きをしようとする」というと、かなり否定的なニュアンスを持ちます。私自身、アメリカから帰国し、本格的に「交渉学」を研究しはじめた当初、自己紹介などでそのことを告げるたびに、心の片隅に「策士として見られるのではないか」

という危惧の念がよぎりました。

だからこそ、この現状を変えなければならないと思ったのです。これからの時代、国家間においても、ビジネスにおいても、「交渉」は避けて通れません。そこで弱腰になっていたら、相手のいいなりになるだけです。これでは日本、そして日本人の「独立」が保たれたものではありません。

一人ひとりの日本人にもっと「交渉」について関心を持ってもらい、タフな「交渉者」になってもらいたい。私自身が40歳を過ぎて、「交渉学」というテーマを新たな研究テーマにすることを決意したのは、まさにこの思いからでした。

それにしても、なぜ日本人は、こうまで「交渉」を避けようとするのでしょうか。

その最大の要因は、対立を好まないことにあるのではないでしょうか。対立せざるを得ない状況、あるいは客観的に見れば明らかに対立状況にあっても、それを「対立」と見なすことを避けます。対立よりも、調和を重んじようとします。そのため、何事も「穏便に」ということが大切にされます。

こうした日本人のあり方は、いまにはじまったことではなく、農耕民族としてその文化を育んできた日本人の根底を成すものともいえます。聖徳太子の「十七条の憲法」（604年）にある、「和をもって貴しとなす」は、まさにその精神の表れで、それは長きに渡り、日本人の生活信条になっています。

統合型交渉で「和」を目指す

先ほども述べましたが、人間関係とは、総じて「対立関係」です。人と人が交われば、たいていは「対立」が生じます。この世界で生きている限り、「対立」が起こることは必然なのです。

その状況にあっても多くの日本人は対立を極力避けようとします。そのため余計に事態が複雑になり、混乱することがしばしば起こります。

ときに、対立を避けるべく自分をひたすら抑え続けた結果、最後の最後で怒りを爆発させることもあります。現代風にいえば「逆ギレ」という状態です。その結果、事態を取り返しのつかないくらい悪化させてしまうこともあります。

また、当事者間が直接に対立しないように、仲介者を入れて和解に持っていく方法もしばしば取られます。かつて株主総会での「総会屋」の存在が問題になりましたが、彼らの役割などは、これです。政界における、いわゆる「黒幕（フィクサー）」と呼ばれる存在も、同様です。

私は、古来日本人が持つ「和をもって貴しとなす」という精神を否定するつもりは毛頭ありません。それどころか、利己主義で凝り固まった人たちが、己の利益獲得にばかり奔走するこの現代世界において、もっとも求められる精神こそが、この「和をもって貴しとなす」だと考えています。日本はもっとこの精神を、世界に発信すべきなのです。

そして、この精神は、「交渉」と決して真逆なものではありません。なぜなら、交渉には、対立を話し合いで解決し、最終的には当事者たちの「連帯」を目指す側面もあるからです。

交渉は、結局のところ、「果実」を、当事者間で配分する活動です。その配分の方法は大きくふたつに分かれます。ひとつは「分配型」、もうひとつが「統合型」です。前者は一定の大きさの「果実」を分配する方法で、そこには「勝ち―負け」が発生します。一方、「統合型」は、「果実」を大きくしながら配分を考える方法で、そのため当事者双方が「勝ち」となります。いわゆる「ウィン・ウィン」の交渉です。

「連帯」を目指す交渉とは、当然のことながら、後者です。この場合、最終的には、当事者間に「和」が築かれることになります。

「統合型」の交渉は、日本人が古来大切にしている精神とじつは相容れるものなのです。にもかかわらず、多くの日本人が「交渉」に抱くイメージは、「分配型」のほうです。実際、これまでの人類の歴史において、大半の交渉が「分配型」だったといえます。

しかし、時代は変わってきています。現在、世界で主流となりつつあるのは、「統合型」の交渉です。つまり、日本人の精神性とピッタリ合致する交渉なのです。

対立を乗り越える「タフな交渉者」が必要

「和」を目指すというゴールは同じでも、日本人がこれまで行ってきたことと、「交渉」とでは、そのプロセスが大きく異なります。日本人が行ってきたのは、「対立を避ける」であり、「交渉」とは話し合いを通じて、「対立を乗り越える」であるからです。

そして、対立を乗り越えるには、「タフな交渉者」であることが求められます。それこそが、これまでの日本人に欠けている部分でした。

この事態をなんとかしたいと、私は40年以上、「交渉学」を研究し、さらにそれを広く日本のみなさんに知ってもらおうと「交渉学」に関する本を書き、大学や企業などの場で「交渉教育」に取り組んできました。その結果、こうした活動を通じて、「交渉」を学ぶ多くの仲間を得ることができ、彼らも日本人の「交渉力」を高めるための活動をそれぞれに展開しています。

その甲斐があって、40年前に比べて、日本の中で、「交渉」に対するイメージが随分と変わってきたのではないでしょうか。また、国際社会で活躍する「タフな日本人交渉者」も次々と現れてきています。

では、そもそも「和」を実現できる「タフな交渉者」とは、どんなものでしょうか。その問いに対して、まっさきに私の頭に思い浮かぶのは、ケネディ大統領の時代、駐日アメリカ大使を務められたE・O・ライシャワー博士（1910～1990年）です。

この文章の冒頭で、「人生を大きく変える出会い」という話をしましたが、私にとって、「交渉学」と同じくらいに、このライシャワー博士との出会いも、人生の大きな転機となりました。そして、これらふたつの出会いはともに、1973～1974年のハーバード滞在期間中のことだったのです。

そもそも私がハーバード・燕京研究所の客員研究員になったきっかけは、当時勤めていた国際基督教大学で、同じく教員をされていた大先輩、武田清子先生（国際基督教大学名誉教授・日本思想史）から「ライシャワー先生のところで学んできなさい」と、勧められたことでした。ライシャワー博士は武田先生と親しくされていました。その武田先生が、私をライシャワー博士に紹介してくださったのでした。それがご縁で私のハーバード滞在が決まり、さらにその後、「交渉学」と出会ったわけです。

ライシャワー博士は、駐日アメリカ大使を務められていたといっても、生粋の外交官だったわけではなく、もともとは東アジアの研究者でした。日本で生まれ育ち、ハーバード大学大学院で中国と日本の歴史を学んだのち、フランスや日本、中国などへの留学を経て、ハーバード大学で日本語と中国語を教えながら、研究を続けられていました。

第二次世界大戦中は、アメリカの陸軍参謀本部の要請で日本軍が発信する暗号電報の情報分析などに従事されていました。戦後、ハーバード大学に戻り、再び東アジアの研究に専念し、大学でのキャリアも順調に積まれ、１９５６年にはハーバード燕京研究所所長にも就任されました。そして、1961年、駐日アメリカ大使として日本に赴任されたのです。

ビジョンは「イコール・パートナーシップ」

このとき、ライシャワー博士が掲げられたビジョンが「イコール・パートナーシップ」でした。これは、戦勝国（アメリカ）と敗戦国（日本）という関係ではなく、アメリカと日本とが国家としてお互いを「対等」のパートナーとして認め合い、協働して東アジアの平和維持、ならびに民主主義の拡大と浸透にあたっていこうというものです。まさに日米が「ウィン・ウィン」の関係を構築していこうというものでした。

GHQ（連合国軍最高司令官総司令部）による占領政策はすでに1952年に終了していました。ところが、それから10年もの時を経ても、依然として、アメリカ人と日本人それぞれの心の中には、「占領している者」と「占領されている者」のメンタリティーが残っていました。

たとえば、日本在住のアメリカ人は、政府や軍、企業の上層部の人間であろうと、一般の人間であろうと、日本の至るところで「わが物顔」で振る舞い、あたかも日本人を「使用人」として見るようなところがありました。一方の日本人の多くも、その現状を「しかたのないこと」として受け入れるしかありませんでした。

この現状をライシャワー博士は、非常に危惧されていました。日本で生まれ育ち、成長してからは日本を含む東アジアの研究をされてきたライシャワー博士だからこそ、日本人のこうしたメンタリティーをよく理解されていました。それゆえ、こうしたアメリカ人の存在に対して、いずれ日本人は我慢ならなくなり、それはアメリカへの「敵意」となっていく可能性があると考えられたのです。そして、そうした事態になることは、日米両国にとって百害あって一利なしです。

ライシャワー博士が「イコール・パートナーシップ」というビジョンを掲げられたのには、こうした背景があったのです。

日米の壁を超えて対話する

駐日アメリカ大使に就任して以後、ライシャワー博士はこのビジョンを机上の空論ではなく、アメリカ人、日本人の双方に浸透させ、現実のものとするために多くの努力を重ねられました。とくに力を注がれたのが、アメリカ人から「占領者のメンタリティー」を取り除くことでした。

たとえば、アメリカの要人が来日するとなれば必ず彼らに会い、「日本」という国についてレクチャーし、この国がアメリカにとって対等なパートナーとなり得ることを熱心に説明しました。また、在日アメリカ人向けの講演を頻繁に行ったり、さらには彼らを公邸での食事会やお茶会に招いたり、アメリカ人向けに日本についての本を書いたりと、「日本」への理解を深めてもらう活動を積極的に行いました。

同じことを日本人に対しても行っています。右派左派、与党野党を問わず、数多くの日本の政治家と交流し、また学者や文化人、経済人など各界の著名人も公邸に招待しました。以前私は、ライシャワー博士が三島由紀夫さんと一緒に写っている写真を拝見し、こうした人とも親しくおつきあいをされていたのだと、ビックリしたものです。

日本の学生たちと対話することにも精力的に取り組まれていました。忙しい時間を縫って大学での講演をこなし、学生たちからの質問にも熱心に答えられました。当時は、60年安保闘争の熱気がまだ残っていた時代です。学生運動もさかんでした。ライシャワー先生は、日米安保に反対する過激派の学生たちとも、直接会って話をされていたといいます。

さらに、ライシャワー博士の活動範囲は地方にもおよびました。在任中、なんと39道府県を訪れたのです。そしてそこでも、地元の政治家や経済人、知識人、ジャーナリスト、学生など、さまざまな人々と対話を続けられました。

粘り強い交渉で「沖縄返還」が実現！

ライシャワー博士の、アメリカ人、日本人双方に対するこうした対話活動によって、すぐさま「イコール・パートナーシップ」が確立できたわけではありません。しかし、両者の「占領者」「被占領者」という関係に風穴を開けたことは確かだと私は確信しています。

そして、そのひとつの結実が、1972年の沖縄返還だと私は考えています。「イコール・パートナーシップ」のビジョンを掲げるライシャワー博士にとって、アメリカが沖縄を日本に返還することは当然の発想でした。そのために、大使就任当初から、アメリカの軍司令官たちを説得し続けていました。しかし、それは決して簡単なことではありませんでした。

当時、沖縄はアメリカ陸軍の支配下にあり、軍がその権利を手放す気配はありませんでした。それでもライシャワー博士は、沖縄返還の必要性を軍の上層部に

ライシャワー博士、刺傷事件のタフな行動

粘り強く訴えつづけ、さらに自らを任命したケネディ大統領にも熱心に働きかけました。

その結果、1962年、ケネディ大統領は、沖縄の返還を約束しました。しかし、翌年の1963年11月、大統領暗殺事件が起こり、沖縄返還の話は宙に浮きかけます。それでも、水面下でライシャワー博士は、沖縄返還の必要性を本国に訴えることをやめませんでした。時には、そのために日米両政府の橋渡し的な役割も果たしました。その甲斐あって、1969年11月、佐藤栄作首相とニクソン大統領の会談において、沖縄返還が決まったのです。

日米双方の利益のために「イコール・パートナーシップ」というビジョンを掲げ、そのために粘り強く対話をつづけたライシャワー博士。その業績を振り返るたびに私は、これこそが、「タフな交渉者」のあるべき姿だとつくづく思うのです。

もうひとつ、「タフな交渉者」としてライシャワー博士のエピソードを紹介しましょう。それは、1964年精神障害を持つ日本人の少年に、右太ももを刺されたときのことです。いわゆる「ライシャワー刺傷事件」と呼ばれる事件です。

このとき、ライシャワー博士は大腿動脈が切り裂かれる大けがを負い、運ばれ

た虎ノ門共済病院で、大量の輸血を受けられました。そして、この事件が起きた夕方、ライシャワー博士は、次のコメントをマスコミ向けに出されました。

「このたび多数の日本の方々からご好意を寄せられまして、深く感謝しております。また日本の医師、看護師の方々の有能さとご親切にいまさらながら感動しております。

世界中どこでも不幸な、心の平衡を失った人びとがいることは残念ながら事実であります。昨年アメリカでも、とくに悲しむべき実例があったばかりです。このたびのささいな出来事で、私がただ一つ気にかかることは、両国間の深い友情と心温まる関係に傷がつくと心配される方がおられるのではないかということです。

しかし、私は両国のパートナーシップはいっそう密接になり、強化されるものであると確信しております」

さらに、その後、こんなコメントも出されました。

「私は日本に生まれたが、日本人の血はなかった。だが、昨日一日でたくさんの日本人の血を輸血してもらったので、こんどは混血になったような気がしている」

生死の境をさまよわれた、まさにその当時に、ライシャワー博士はこれほど冷静に対応されたのです。見事というしかありません。

そして、こうした博士の事件に対する姿勢によって、日本人が駐日アメリカ大使を刺傷するという前代未聞の事件であったにもかかわらず、日米関係の大きな亀裂にはつながりませんでした。両政府とも、ライシャワー博士の冷静な対応に倣った形で、この事件は対処されたのです。

ライシャワー博士の、人間としての器の大きさと、そして、「交渉者」として公平な姿を強く感じさせるエピソードです。

ライシャワー博士から私が学んだこと

私自身がライシャワー博士と交流を持つようになったのは、先述した通り、私のハーバード滞在のときからです。その後、1990年に博士が亡くなるまで、さまざまな折りにお話をさせていただく機会をもらいました。

私がお目にかかったのは、すでに駐日アメリカ大使を退任され、ハーバード・燕京研究所の所長をされていた時期です。「大使」としても優れた方でしたが、研究者を育てる「教育者」として本当に素晴らしい方でした。

その「教育者」として博士からいただいた忘れられないメッセージがあります。それは、ライシャワー博士が、ときどき開いてくれた研究者を集めての親睦パーティーでのことです。それぞれ「一芸」を披露することになり、私は詩吟を吟じることにしました。選んだのは、江戸時代末期、攘夷論を唱えた僧、釈月性が詠んだ「将東遊題壁」という漢詩です。

この中に「男児、志を立て郷関を出ず、学もし成る無くんば復還らず……」という言葉があるのですが、それを聞いておられたライシャワー博士がニッコリと笑ってこうおっしゃいました。

「藤田さん、それではなかなか日本へ帰れませんね」

この博士からの激励の言葉によって、私の「交渉学」研究への情熱は一層高まったのです。

「タフな交渉者」には「技術」が必要です。これは小手先の「テクニック」では

「タフな交渉者」になるには？

ありません。大局を見据え、「和」の関係の構築を目指した上で、交渉を進めていく「技術」です。

ここで交渉の「技術」の土台となる心構えを紹介しておきましょう。それは私がさまざまな「交渉」の教育の場で、「交渉の要諦」としてみなさんに伝えている渡辺崋山（1793〜1841年）の「八勿の訓」です。

渡辺崋山は江戸時代末期の人で、田原藩（愛知県）の家老として、藩の内政改革や産業振興、海岸防備などで数々の功績をあげました。しかし、その著書『慎機論』で、幕府の対外政策を批判し、それが原因で国元に蟄居を命ぜられ、自刃したのです（蛮社の獄）。

田原藩内で飢饉が起こった際に、崋山は、自らが病に伏せていたため、信頼していた用人・真木重郎兵衛定前に、藩御用金の調達のための大坂商人との交渉を託すことにしました。そのとき、彼が真木に「交渉」の心得を諭したのが「八勿の訓」です。

その内容を見てみましょう。

「八勿の訓」

①面後ノ情ニ常ヲ忘スル勿レ

相手と交渉をしているとき、そのときの感情に流され、平常心を忘れるようなことがあってはならない。

②眼前ノ繰廻シニ百年ノ計ヲ忘スル勿レ

いま現在のやり繰りにとらわれ、長期的な展望を忘れてはならない。

③前面ノ功ヲ期シテ後面ノ費ヲ忘スル勿レ

目の前の利益を得ようとして、その後に却って費用がかかってしまうことを忘れるな。

④大功ハ緩ニアリ機会ハ急ニアリトイフ事ヲ忘スル勿レ

大きな功績はゆっくり積みあげいくものである。しかし、そのためのチャンスは突然にやって来ることを忘れるな。

⑤面ハ冷ナルヲ欲シ背ハ暖ヲ欲スルト云ヲ忘スル勿レ

表面は冷静であるが、心は温かいということを忘れるな。

⑥挙動ヲ慎ミ其恒ヲ見ラルヽ勿レ

行動を慎み、自分の本心を相手に見破られないようにしろ。

⑦人ヲ欺カントスル者ハ人ニ欺ムカル欺ムカザルハ即己ヲ欺ムカズトイ

フ事ヲ 忘スル勿レ
相手を騙そうとすれば、相手に騙される。相手を欺かないということは、自分も欺かないことだということを忘れるな。
⑧ 基立テ物従フ基ハ心ノ実トイフ事ヲ忘スル勿レ
「基本」が立てば、後はみなそれに従う。「基本」は誠実であることを忘れるな。


いかがでしょう。

感情に流されず、長期的な展望につねに立ち、目の前の利益ばかりをとろうとせず、「ここぞ」というチャンスを確実につかみ、心はつねに温かく、手の内こそ見せないが、決して相手を騙さず、つねに人や物事に対して「誠実」でいなさい。

これらを実践できたとき、私たちは見事「タフな交渉者」となり得るでしょう。

もちろん、一朝一夕でこの「技術」が得られるわけではありません。「交渉」という状況を避けずに、その実践を重ねていくことで、「タフな交渉者」として着実に成長していけるのです。

「燮《やわらぎ》」の交渉学

締めくくりに、「燮」の交渉学について述べたいと思います。これこそが21世紀に求められる「交渉」のあり方だからです。

「燮」は、訓読みでは「ヤワラギ」、音読みでは「ショウ」と読みます。まずふたつの「火」が並んでいます。その間に「言」が入っています。「火」だけであれば、そこにあるのは「戦争」です。ところが、そこに「言」が入ることで「交渉」になるのです。対立する二者（＝火）が、話し合い（＝言）によって解決を目指していくさまです。

さらにその下に「又」があります。これは、人間が棒を支えている姿を示すといわれています。ということは、「交渉」を支えているのは「人間」ということになります。

「燮」＝「交渉」。つまり、交渉によって、両者に「やわらぎ（燮）」が生まれることなのです。しかし、それは、対立を「なあなあ」にすることではありません。英語の「negotiation」という文字が示すように、その道のりは決して楽ではありません。つらいものです。「タフ」なやりとりが求められます。そして、それを経て達成できるのが「燮」なのです。それは、「連帯」「和」といい換えてよいでしょう。

東京、新宿の中央公園に母子像があります。像のタイトルは「燮」です。像の母親は、右手で子どもを抱え、左手は中空を指しています。一方、子どもは左手を母親に添え、右手で中空を指しています。そして、この母子は、心持ち離れぎみに位置しています。

じつは、この像を作った彫刻家は、私の高校の一級上の佐藤健次郎氏です。以前、彼にこの像のモチーフを聞いたことがあり、彼は次のように説明してくれました。

「母と子が心持ち離れ気味なのは、それぞれに人間の主体性を示しているから。しかし、腕によって人間の連帯を示した。だから、日本の一般的な母親が子どもを抱えるときのように、べったりしていない」

この母子像のタイトルが「燮」であることに納得がいった解説でした。独立した個人が、ほどよい距離感の中で連帯する。まさに、交渉が目指す「燮」の世界です。

交渉の目標は、両者の幸福であり、両者の勝利です。一方の利益が他方の損失となるという「ゼロ・サム」の発想から抜け出られないままでの「交渉」は、たいてい両者が共倒れで終わります。相互の不信感が、結局、お互いにとっての不利益な選択につながる、いわゆる「囚人のジレンマ」の愚に陥ってしまうのです。

そうではなく、互いに「ウィン・ウィン」となる「燮」を目指すのです。交渉は人間関係であり、そのプロセスは、厳しい「対立」の人間関係です。しかし、「燮」の交渉においては、相手を否定する人間関係ではありません。そこに人間のぬくもりがあり、人や物事に対するやわらかさがあるのです。

そして、これができるのが、「タフな交渉力」を持つ「タフな交渉者」なのです。日本人にこうした「タフな交渉力」を持ってもらいたいと思い、私はこれまで交渉学の研究に邁進してきました。そして、その活動を今後も、日本交渉協会は続けていく決意です。

第2章

交渉学の系譜

1920年代のコンフリクト論

人類の歴史は、対立と紛争を武力と交渉で解くサイクルとともにあります。交渉を要する状況や行動の態様は日本や中国の古典はもとより、マキャベリの権力論やカリエールの外交交渉論など、多くの文献で論じられてきました。

第2章では、今日の交渉学を導いた研究の流れを、特にマネジメントの領域から代表的な文献をたどりながら整理してみましょう。現代の交渉研究の源流は、中心となる概念から考えると、メアリー・パーカー・フォレットの論考にたどることができます。

フォレット女史は、1920年代に行政学と経営管理学のなかでコンフリクト（摩擦、衝突、葛藤、紛争などいろいろなレベルがありますが、フォレットは「相違」と綜合している）を論じています。フォレットが経営管理の思想家や古典組織論の研究者として評価されるのは、コンフリクトへの対処様式やリーダーの権限、パワーの状況的性質などをいちはやく論じたからでした。

『マネジャーのための交渉の認知心理学』を著したスタンフォード大学のニールは、フォレットが、コンフリクトは有効な組織成果には必然かつ必要と確信していた、と指摘しています。

また、現代の交渉論においても、ウォルトンとマッカーシーが『労使交渉の行動理論』（1965）で、フィッシャーとユーリが『ハーバード流交渉術』（1981）でフォレットに言及しています。いずれもこの領域のエポック・メイキングとなる文献です。

著作の『新国家（The New State）』および『創造的経験（Creative Experience）』というタイトルに象徴される構想や本人の経歴とともにフォレットの論考は、多彩な領域に接しています。そのなかでも1925年1月から4回にわたって報告した「経営のための心理学的基礎」という講演の初回で論じたのが、「建設的コンフリクト」でした。産業における人間に関連する課題の中心にコンフリクトをおき、最も充実した方法でコンフリクトに対処することがテーマでした。

フォレットはコンフリクトを「善悪や倫理的な予断なく考えるべきで、戦争や闘争ではなく、見解や利害の相違（differences）が表面化したもの」と定義します。私たちの住む世界では相違が生まれてくることは避けられないため、これを悪しきものと決めつけず、活用すべきなのではないか、と論じました。おもしろいのは摩擦の比喩による説明です。機械技師の仕事は機械にかかる摩擦を除去することですが、動力の伝達では摩擦を利用し、発動機のエネルギーを駆動系に伝えるベルトは摩擦を活用しているし、研磨もバイオリンの演奏も摩擦を活用しています。

心と心の摩擦も良いことと考え、ビジネスにおいても同じように、除去を試みるべきとき、活用すべきとき、何に利用できるかを検討すべきときを知る必要がある、と述べているのです。

3つの対処法「支配、妥協、統合」

フォレットはコンフリクトの対処様式を

①支配
②妥協
③統合

に分類しました。支配とは一方が相手を制圧することで、単純だが長くは持続しないのが普通だといいます。妥協はコンフリクトによって妨げられている活動を進行させるために双方が譲歩することですが、これが当たり前のこととして折り込まれていると、譲歩を見越して要求を出すため、妥結してもお互いが本当に求めているところがわからないままで、何かを諦めることになる、とフォレットは強調します。

お互いの欲求が満たされれば、どちらも何かを犠牲にする必要がない解決が統合です。この説明で示される事例のひとつが、有名なフィッシャーとユーリの「姉妹と1個のオレンジ」と並んでよく引用される「ハーバードの図書館」の話です。

ある日の図書館の小さな部屋。ある人は窓を開けたいようで、私は閉めたかった。私たちは、だれもいない隣の部屋の窓を開けることにした。これは妥協ではない。どちらの欲求も削ってはいないからだ。私たちは、それぞれが望んでいた環境を手に入れた。私は北風が自分に直接あたるのが嫌だっただけで、同じ部屋にいたもうひとりは、新鮮な空気を部屋に入れたかったのだ。

妥協は既存のもので状況を処理することであるのに対し、統合は何か新しいものを創出して解決すること。そしてただ解決ではなく、より良い方法で解決することです。妥協なら同じコンフリクトが再発しますが、真の安定をもたらすような解決が統合です。

フォレットは統合を実現するための第一が「相違点をオープンにすること」だと述べました。相違点がわからなければ、違いを統合することは期待できないからです。しかし、一般には課題を避けたり、隠しこんだりという正反対の方法に頼る傾向があり、相違点が曖昧なまま、相手を抑え込む支配という行為になりがちです。

内に抱えているコンフリクトを解決するプロセスの重大さは、個人間はもとより集団間、階級間、人種間、国家間の諸関係にとっても同じで、相手がだれであれ、本当に求められていることを引き出し、表明されている動機と裏の動機を区別し、非難の対象と真の原因を区別する。さらに隠れている動機が、ときには慎重に隠蔽《いんぺい》されていること、ときには無意識に存在していることに注意せよ、といいます。

統合を実現するための第2は、明らかにした対立の本質についての双方の要求を、構成要素に分解することです。このときに大切なのは、目立ちやすいものより、重要なものに焦点をおくことが、統合には不可欠になります。ランプルゥも『交渉のメソッド』で、交渉では目立ちやすいことに意識を奪われ、重大なことが後回しにされる傾向を指摘しています。

フォレットがコンフリクトの掘り起こし、分解に続いて、統合実現のための第3に挙げているのが予測です。要求、相違点、コンフリクト、そして相手の反応の確認と予測です。

もちろん、統合の実現は簡単ではなく、関門があります。ひとつ目は、統合には高度の知性、鋭い感覚と識別能力、優れた創意工夫能力が要求されること。ふたつ目は、私たちの多くが慣れた様式から抜けにくいこと。3つ目は机上の議論で対策を提案できても、実行できないことが多いこと。4つ目は、使う用語や既存の姿勢にすでに敵対的な意味合いが埋め込まれていること。5つ目のおそらく最大の障害が、私たちが統合のトレーニングを受けていないことです。フォレットは統合への責任を強調しつつ、向き合う状況を「動かす」のは自身の行動にあること、そして状況と自分たちの間の相互作用、つまり、お互いに調整し合うことが、状況と自分たちに変化を起こすのだ、と述べています。

1930〜1960年代
労使交渉論の時代

米国では1930年代に労働組合の組織化が急伸し、労使紛争への研究も進みました。1938年にエール大学労使研究所が創設され、他の高等研究機関も研究拠点を設置します。当時の研究が賃金決定や団体交渉などの個別の課題を対象としていたのに対し、1960年代には労使交渉の一般理論を構築しようとウォルトンとマッカーシーが『労使交渉の行動理論』を発表します。

書名は労使交渉ですが、社会の交渉全般を意図していて、最終章は彼らの理論を応用するふたつの社会的交渉の事例として国際関係と公民権運動を扱っています。

ウォルトンとマッカーシーは分配交渉（distributive bargaining）、統合交渉（integrativebargaining）、態度形成（attitudinal structuring）、内部交渉（internal bargaining）の4セットの諸活動をサブプロセスとして交渉行動を分析します。

分配交渉は決まった量の資源の分割に影響しようとする、競争的行動からなる諸活動。統合交渉は交渉当事者が入手できるジョイント・ゲインを増加させようとするもので、問題解決行動と当事者の共通利益を見出し、拡張しようとする活動。態度形成は交渉当事者同士の相手の態度に影響し、お互いの基本的な関係に作用する活動。内部交渉は交渉者が自身の組織内のコンセンサスをとる活動です。

労使交渉にも他の社会的相互行為にあるのと同様の複雑性があり、ひとつ目は、労使交渉には通常、対立する項目と協働可能な項目が混在しており、自己の利益を守りながら、同時に、交渉戦略と戦術の複雑な選択をこなして、協働で問題解決に取り組む必要があること。ふたつ目は、労使交渉には具体的な項目のやり取り以上の態度、感情、相互の関係などもきわめて重要なこと。3つ目は、交渉は多くの利害関係と関係者を巻き込み、彼らが交渉のなりゆきをみており、交渉者に影響してくることです。

労使の対決的な場面では、ポジションを維持するか手放すかを決めるとき、自他の想定する結果の効用と行為のコストを計算するのに、さらに情報が必要になります。情報入手には間接的なルートと直接的なルートがあり、非公式のネットワークや手がかりを手に入れるための戦術も重要になります。

また、相手の想定や認識を変更させる作業（手がかりを最小にしたり、計画的に印象を伝える）、相手の要求の相手自身への価値に対する見方を変えさせる（戦術的主張や手続き変更）など、実戦的な戦術は多種多様です。

ウォルトンとマッカーシーは、分配交渉の技法の具体的側面を詳述したうえで、交渉の最重要の諸目標を実現し得るのは統合交渉のプロセスのみであり、また、分配交渉と統合交渉の組み合わせによってでしか追求されえない項目が必ずある、と主張します。

彼らはイシュー（issues）とプロブレム（problems）としています。分配交渉の対象になるのがイシュー、統合交渉の対象になるのがプロブレムで、それぞれのプロセスは異なり、必要な活動も対照的です。イシューとは、当事者間で配分や割り当てを行うときに使える価値が定量定額の課題であり、反対にプロブレムとは双方が利用し得る価値の総量が増える、ないし減る可能性を含む検討項目からなります。

つまり、イシューの純粋な形態は、一方が獲得するものが何であれ、必ず相手側はその同量を犠牲にしなければならなくなるものであり、プロブレムの純粋な形態は、双方ともに関心を持ち、選好序列をつける検討項目群です。現実には、この純粋形はあまりないので、イシューとプロブレム、そして複合項目をゆるやかな定義で使っています。

複合交渉で生まれるジレンマ

ウォルトンとマッカーシーは後にノーベル経済学賞を受けるハーバート・サイモンの問題解決モデルを引用し、統合の可能性は、

①問題の本質を明確にする

②代替的解決案を探し、それらの結果を検討する

③これらの解決案に優先順位をつけ、具体的行動を選択するプロセスになる

と述べています。

統合交渉の最適な結果とは、共有する問題に関連する情報を最大限に交換し、問題を確認し、その本質を明確にする。そして、できる限り幅広く解決案を調査し、到達した解決策がその状況における最高のジョイント・ゲインをもたらすことです。そのためには、問題解決に対する相手のモチベーションを上げ、双方が使える情報を確保し、双方のコミュニケーションを促し、お互いに信頼と感情面での支援がもたらされる状況を形成することが必要です。

そこには、根本的なジレンマもあります。労使交渉をはじめ多くの状況が分配交渉と統合交渉とが複雑に組み合わさる複合交渉（mixed bargaining）だからです。複合交渉では分配交渉と統合交渉、それぞれに求められる戦術と具体的な行動をひとつの交渉のプロセスの中で両立させる必要があります。

しかし、お互いに相反する戦術になり、しかも統合交渉を追求する場合でも分配交渉への誘因が働くので、問題の確認、選択肢の探索、選択肢の評価規準と規準間のウエイトづけ、選択肢の探索と評価、いずれのステップにおいても理想の

形にならない可能性があります。

双方がまず、ジョイント・ゲインを増大させる統合交渉を行い、それから大きくしたジョイント・ゲインを分配する交渉を行うのが好ましいものの、やはり阻害要因があります。

ひとつ目は、交渉者がジョイント・ゲインを広げる選択肢を探る中で、ある解決案が一方にだけ圧倒的に有利になりそうだと、成果の配分比率に目が行き、より良いジョイント・ゲインの探索を滞らせること。そうした問題は理論的にはサイドペイメント（再配分や別払い）を活用して解決できます。

ふたつ目は、そのような問題は理論的にはサイドペイメントを活用して解決できるが、その実施方式を決めるとき、配分比率で不利になる側と有利になる側で、そうした措置の必要性をめぐる交渉に温度差があり、成否に作用することです。

3つ目は、複合状況に置かれたとき、相手も統合型のアプローチをとるのなら自分も同じアプローチをとれます。しかし、価値の合計を広げようとするふりをして「解決」につながるような素案や素材を出してこないような相手だと、努力が無意味になるだけでなく、自分の損失にもつながることです。

4つ目は実務的で、分配志向の交渉者にとっては、自らの行動を統合志向に切り替えるのがむずかしい、ということです。

このように、統合交渉と分配交渉に要求される戦術が本質的に逆なので、統合交渉は試行型で診査的なオープン・コミュニケーションを求めます。それに対し、分配交渉は指令型で情報管理的なプロセスになります。

それでも労使交渉をはじめ多くの現実の交渉で、コンフリクトにしかならないというイシューや必ずお互いの利益を増やせるようなプロブレムは少なく、関係性が継続する交渉では、過去の成績と将来の結果（見込み、期待、不確実性）が現在の交渉に作用するし、外部環境はもちろん、内部環境も変化するものです。

ウォルトンとマッカーシーは当時の交渉論が交渉における態度の次元に注目しておらず、問題解決論が意思決定の社会的側面や政治的側面を考慮していないと指摘します。労使関係では、
①契約されていてもその内容の遂行は、態度によって左右される
②労使の闘争の手段として、経済的制裁と同じように社会イデオロギー的戦術や心理的戦術が使われる
③労使の関係は他を介入させず継続的であるという、重要な人間的な諸価値が入るため、態度形成を分配交渉と統合交渉に次ぐ第３の要素においている

と、されています。

交渉当事者間にある関係パターン、当事者の相互作用のなかで形成される一連の態度をウォルトンとマッカーシーは、対立（conflict）、抑制的攻撃（containment-aggression）、宥和（accommodation）、協調（cooperation）、馴れ合い（collusion）の5つに分類しています。この関係パターンは、
①コンテクスト要因（技術、市場、パワー）
②重要人物の基本的なパーソナリティ
③こうした人物の（通常はその組織にも共有されている）社会信念体系
④それまでの交渉経験値
から形成されます。

大事な役目を果たす「態度形成」

こうした関係パターンがすでにある中で交渉していくときには、態度形成が必要になってくるのですが、彼らはこれをとても慎重に扱っています。態度のストラクチャリングという耳慣れない用語を使っていますが、交渉という行為が相手

への操りや心理操作と見なされやすいことを避けるためです。著書ではチェンジの語も使っていて、相手の態度を意図的に変えさせようとすることを指すのですが、浅薄なテクニックではなく、次の要素を考えようといっています。

① 関係を形成している態度の諸要因は相互に関連しているので、ある要素を動かそうとすると、他の要素が影響を受け得る

② 求められる態度変容の方向は対立的な志向ではなく、協調的、友好的、信頼的な志向性だが、その逆の方向より難度が高くなる

③ 交渉担当者の態度は、その組織の思考態度と同一とみてはいるが、まず交渉者個人を焦点にすることで、相手の組織内に好ましい連鎖反応をもたらせるようにする。それがむずかしくても、交渉担当者やチームだけでも態度変容を期待する

④ 相手の行動をコントロールしたり、影響しやすい要素など、現在の態度についてては、ある程度想定しているもので、そうした情報を整理し直す

こうした慎重な議論から、交渉ではやはり、相手の態度と行動を自分側に、すなわち、より協調的、友好的、信頼する方向に変容することが必要である、という側面に向き合おうとしているのです。

４つ目のプロセスが組織内交渉ですが、交渉の場に立つ担当者には境界役割（boundary role）があり、代理する自分の組織から与えられる役割を主としながら、折衝する相手との関係で別の役割を同時に担うのが現実です。交渉担当者が担う境界役割には、何をすべきか、どう行動すべきか、というふたつの規定的側面があり、自分の組織からの公式、非公式の役割期待がある一方、交渉相手の要求を理解し、これにも対応していく行為も期待されます。そのため相手側のポジションと期待も計算する必要があり、場合によっては課題を持ち帰り、対内的交渉を行うこともあります。

いわゆるプリンシパルの期待とエージェントとしての行動という典型的状況で、境界上のコンフリクトから組織内交渉と調整プロセスが求められるのです。後で述べる境界役割コンフリクトとサブユニット・コンフリクトという、いずれも「期待」の相違からもたらされる状況に交渉者が向き合う必要が示されています。

交渉研究では、労使紛争からウォルトンとマッカーシーが一般理論を整えるのと同じ時期に、ケネス・ボールディングやトーマス・シェリングが重要な文献を発表します。ボールディングは経済学、社会学など学律にとらわれない多彩な

1960〜1980年代
組織コンフリクト論

学識を背景に、一般システム論や歴史学を踏まえて1962年の『Conflict and Defense: A General Theory』で多角的にコンフリクトと紛争を論じました。

シェリングはゲーム理論から政治学と経済学の対立を分析して1960年には『The Strategy of Conflict』を発表し、2005年にはノーベル経済学賞を贈られています。こうした碩学によるマクロ的な研究といっしょに、この時期に成長する組織論の領域で心理学を背景にした研究も成長します。

ダニエル・カッツとロバート・カーンは、コンフリクトという言葉がリーダーシップや有効性などの組織論用語と同じように多義的に使われているとして、
①表出した争いの先行条件（資源の希少性など）
②情緒状態（緊張や敵意など）
③認知状態（だれかの利害に対する他の人や組織の知覚など）
④コンフリクト行動（言語的行動と非言語的行動があり、受動的抵抗から積極的攻撃まで幅がある）
の4つに分類しています。これらはお互いに関連があることを前提に、彼らはコンフリクト行動、つまり、二社間の価格競争やストライキを前にした労使の行為など、行為者間の不一致・衝突を焦点としました。一方の行為が相手の行動を妨

げたり、相手に何らかの行動を強いることが、相手の抵抗をもたらすという、ふたつのシステム（人間、集団、組織、国家など）が直接に相互行為するときに、両者がコンフリクトにある、という見解です。

カッツとカーンは、組織設計はコンフリクトの発生予防や管理を目的としているのですが、外部の諸条件とのバランスを維持したり、内部の複雑な配列や分業構造は、サブシステム間での利益相反や希少資源をめぐる競合を導き、必然的にコンフリクトが発生する、と指摘します。

階層構造のタテの次元も、伝統的な官僚制組織ではコンフリクトを予防し、発生した場合にも合理的に裁定するための主要手段であるはずなのに不一致や対立をもたらします。組織階層は基本的に、階層権限に付随する役割がコンフリクトを予防したり、制限する想定なのですが、各階層に配置されるリーダーは活性化や業績向上のために個人やサブユニットの間の競争を奨励します。

こうした競争はコンフリクトを助長し、上下の公式権限も、別の影響力の発生などから当初の正統性を意味しなくなり、階層による決定は限界にぶつかります。

人は組織に帰属しますが、本質的にはその人格と人生の一部をそこにおいているだけで、各自のもつ役割セットには組織における公式役割の他の役割が多く含まれています。

そのため役割期待が完結することなどなく、役割コンフリクトも自然に発生します。

合理的に設計されたはずの組織も、環境の変化に対応して存続するには変化が必要になりますが、変化には必然的に抵抗が生じるので、組織内の摩擦はさらに強まります。

カッツとカーンは、コンフリクトのプロセスを理解するための変数を次の6つに要約しています。

①組織特性（規模、階層構造、イデオロギー、資源のニーズ、成長率など）
②利益相反（相互行為の上で相容れない組織特性）
③役割期待（コンフリクトに直接かかわる境界地位に対する組織の規定と措置）
④パーソナリティと諸特性（コンフリクトに関連する境界上の職位にある人物の性格などの特性）
⑤コンフリクトを規制する外部の規範、規則、手続き
⑥直前の相互行為を含む、過去のコンフリクト

ケネス・トーマスはプロセス・モデルと構造モデルから、コンフリクトという現象を個人間、集団間、組織間における二者間コンフリクトとして解説しました。これは心の中の葛藤や役割コンフリクトが組織では、個人への焦点となる傾向があったのに対し、社会的単位という概念を導入することで個人、集団、組織を包み、そのふたつの単位の間におけるものとしてコンフリクトを分析しようとする試みでした。

もちろん、コンフリクトは二者間においてのみ発生するものではありません。三者間以上はもとより、多者間、複層にわたり、場合によってはいくつにも重複した連合形成を含む、複雑な関係性のものもあります。しかし、トーマスはその領域は「政治的」行動として外し、まず二者間コンフリクトから基本的なプロセスと構造を検討したのです。

この頃にはコンフリクトは回避し、除去すべきという見方から、有益な機能もあるという認識が普及していきます。モチベーションの理論でも緊張は低減させるべきだとの見方に対し、有機体は適切な水準の刺激を維持する傾向があるという視点で、適度なコンフリクトは刺激になり、新規性や競争への挑戦を導き、異なる見解のぶつかり合いは、質の高いアイディアを生むことがあるというポジティブな見解が共有されています。

トーマスはコンフリクト対処行動を焦点としたふたつのモデル、プロセス・モデルと構造モデルを提唱しました。

プロセス・モデルは、コンフリクトを進行中のプロセスととらえ、起こっていることの動態を対象として、当事者の

①フラストレーション
②状況の概念化
③行動
④相手の反応
⑤最終的な合意あるいは不合意

といった結果を明確にしながら、それぞれの当事者のイシューに対する概念化が行動にどう影響するか、一方の行動が相手の行動にどう影響するか、最終的な結果（合意の有無や内容）は双方の行動にどのように影響されるか、を焦点にします。

こうした知識が、展開するエピソードの中での行動の管理や、求める結果に向けて相互行為の舵取りをするのに役立ち、また当事者だけでなく、さまざまな第

三者の役割や肩書をもってコンフリクトに関与する人たちにとっても、その目的遂行のために役立つと考えました。

構造モデルは、コンフリクト事象の形成はどのような条件によるものか、コンフリクト行動に作用する要素を確認し、作用の形態を明確にするアプローチです。条件や変数が比較的固定している。あるいは、変化するときも速度がゆっくりしているという特質から構造モデルと呼んでいます。

当事者の行動への圧力や制約となる、社会的圧力、個人の特質、確立されている交渉の手続や規則、インセンティブなどの特定や、行動に影響するこうした諸条件、たとえば同僚の圧力が行動にどう影響するか、相互行為の頻度はどのようにコンフリクト行動に作用するか、個人のもつ多様な動因がどのように当人のコンフリクト行動に作用しているか、が対象です。

このふたつのモデルは相互補完的で、構造モデルはシステミックな変化をみるのに有効であり、プロセス・モデルは進行中のシステムをマネジメントするのに有効だと考えられています。

こうした時代の区切りは、あくまでも大まかなものですが、交渉研究に影響を

1980年代
「認知心理学の貢献」「学問的基礎の整備」

与えた書物が公開された時期をみていると、初期の個別の課題の研究から一般理論の構築、1980年代からはそれまでの手堅い研究を踏まえた上での実践的な交渉行動の研究が展開されてきたとみてよいでしょう。

ハーバード大学のハワード・ライファは、1982年に「The Art and Science of Negotiation: How to Resolve Conflicts and Get The Best out of Bargaining」を発表します。それまでの交渉に関する規範的研究はゲーム理論が主体で、合理的に思考する交渉者を前提として、その意思決定を数理的に分析しようとするものでした。これに対してライファは、交渉相手が完全に合理的に行動すると仮定するのではなく、相手を正確に記述することの重要性への認識を示しました。

交渉者が直感的には、完全に合理的な戦略にはしたがわないことを前提に組み込んだのです。そして、交渉者が実際にはどのように意思決定をするかを記述的に理解するための規範的必要性を提示し、規範的研究と記述的研究の対話のための基礎を提供したのが本書で、タイトルの『交渉の技(アート)と科学』がこのエッセンスを象徴しています。

ディーン・プルットは社会心理学を基礎として、1981年に発表する『交渉行動』で、交渉は相容れない利害を解決するための複数の当事者間での話し合いによる意思決定であり、国際関係や労使関係、企業や行政の領域はもとより、家庭や友人関係においても発生する広範な現象なので、交渉行動の研究対象も多岐にわたることを示しました。

そして、各国語に翻訳されて世界的に今もなお読まれている、ロジャー・フィッシャーとウィリアム・ユーリの『ハーバード流交渉術（原題は『Getting to Yes』）』が出版されたのも1981年です。それまでは学術書と実務書の間には、ギャップがありました。コンフリクトや交渉の学術書は研究書の域を出ず、他方、実務書はどうしても表面的なスタイルや個別の事例を扱うものが多かったのです。フィッシャーとユーリ（後にパットンが参加）の本書が学界からも実務界からも注目されたのは、そうした制約を超越して、たとえば交渉はハードにいくべきかソフトにいくべきかなどではなく、原則にのっとって行うべきだ、などの指摘をしたことでした。

彼らの4つの原則は、
・人と問題を切り離せ（誰が要求しているか、ではなく、問題は何か）
・ポジションではなく利益を焦点にせよ（利害を掘り起こし、ボトムラインを

回避せよ）

・双方にメリットのある選択肢を創りだせ（選択するために多数の代替案を作り、決定はその後に）

・客観的な規準を活用せよ（意志とは別の尺度に基づく成果を求めよ）

というものです。

1970年代後半に発表された認知心理学の研究成果が、交渉研究と交渉教育に強力な影響をおよぼします。これは意思決定における情報処理の歪み、すなわち認知バイアスに関する研究です。代表的なのが、ダニエル・カーネマンとエイモス・トヴァスキーのプロスペクト理論、ヒューリスティクス・バイアスをはじめとした研究です。

カーネマンには（1996年に早世したトヴァスキーが存命なら、おそらくは彼にも）2002年にノーベル経済学賞が贈られるのですが、受賞の要因のひとつは経済、ファイナンスや交渉を含む広範な現実の領域への、彼らの理論やコンセプトの応用性の高さでした。

書店の棚に並ぶ行動ファイナンス、経済心理学などのタイトルの本は、著者の出身がどの国かにかかわらず、引用文献のリストにはカーネマンとトヴァスキーの論文が必ず載っています。多彩な領域が彼らに代表される認知バイアス研究の恩恵を得ているわけですが、そうした認知バイアスの意思決定への影響を、交渉という相互行為にいち早く応用したのが、現在はハーバード大学のマックス・ベイザーマンとスタンフォード大学のマーガレット・ニールです。

彼らは独自の調査も合わせ、交渉者の意思決定がどのように認知バイアスの影響を受け、いかに合理性ないし最適性から逸脱し、双方にメリットのあるはずの交渉を決裂させたり、合意しても未熟な内容に終わる傾向があるかということを体系的に明示しました。特に『マネジャーのための交渉の認知心理学』では、

①パイの大きさは決まっているという迷信（相手の要求を受け入れることは自分の損失になる、自分の要求は相手の損失によって成り立つ、という思い込み）

②行動のエスカレーション（最初に取った行動方針について、途中で状況が変わっても、切り替えられない）

③アンカリング（初めに出された基準から話をはじめてしまう）

④フレーミング（ある枠組み、ある視点から交渉していると、その枠づけとは

異なるとらえ方や視点がとれなくなってしまう）

⑤手に入る情報に縛られる（準備や既存段階の情報にとらわれ、新しい情報を取りにいかなくなったり、新しい情報が出てきても活用できない）

⑥自己過信（さまざまな理由から自己の可能性を実質以上に過大にとらえてしまう）

⑦勝者の呪縛（競争状況にとらわれて、その状況に勝つということが目的になってしまい、本質から目が逸れてしまう）

という7つの認知バイアスをとりあげています。

またベイザーマンは、マイケル・ワトキンスと『予測できた危機をなぜ防げなかったのか？　組織・リーダーが克服すべき3つの障壁』のなかで、こうした個人の認知バイアスは、組織の縦割り構造や組織内外の政治的影響とあいまって、国家も実績のある企業や優秀な経営者も重要な意思決定において失策を犯し、想定し得たはずの危機から逃れず、甚大な損失を被っている事例を分析しています。

労使交渉も、ユーリ、ブレット＆ゴールドバーグが『話し合いの技術：交渉と紛争解決のデザイン』で、紛争解決には利益型、権利型、パワー型があり、利益

1990年代
「グローバル化」「個別課題」「交渉教育」に挑む

型アプローチが理想的ではあるものの、わたしたちの住む世界には権利型もパワー型も必要だという現実認識から、紛争解決の制度設計を提唱し、紛争解決の一般理論として水準を高めました。

日本で初めての交渉研究の団体として、藤田忠国際基督教大学教授（当時）が中心となり、日本交渉学会を創設したのも1980年代の終わりでした。その志は現在の日本交渉協会に脈々と生きています。

交渉学の理論と実践の融合は、認知心理学の貢献に次いで企業行動のグローバル化を背景に新たな展開をみせます。異文化間交渉への論考はそれまでもあったものの、ビジネス習慣の表面的な違いなどへの言及が中心でした。他国への商品の販売といった交易による異文化接触は、製品の現地生産、経営機能の現地への移管という、より深い相互交流、相互学習を本格的に要請するレベルに深化するようになったのです。

行動意思決定アプローチの成功も初期の意思決定研究で見過ごされていた社会的諸要因が反省され、社会心理学と認知心理学が融合する研究を導くようになりました。特に、エドウィン・ライシャワー博士が予言した「地球が小さくなる」

現実は、異文化間交渉や文化差によるコンフリクトの頻度を急増させ、研究者も国際領域の交渉の実態解明に取り組むようになります。

文化の定義は複数ありますが、ものごとの感じ方、考え方、行動のしかたの違いです。ジーン・ブレットらがいうように、「文化とは価値観、規範、制度に関してひとつの社会が持つ特徴あるプロフィール」で、交渉のような社会的交換を管理するもの、としておきましょう。

私たちが行ってきた一連の実証調査では、何を大切と考えるか（文化的価値観）と、どう行動するのが適切か（文化的規範）に、いままでの社会心理学や最新の文化心理学から「個人主義対集団主義」「上下意識対対等意識」「伝統志向対変革志向」などの諸次元を織り込みながら、これらがひとつの文化グループのメンバーに、状況と他者の行動を解釈するためのスキーマ（交渉に関する情報と期待の倉庫）と、その状況での適切な社会行動の流れをもたらすスクリプト（スキーマで認知的に処理された内容に対応する一連のアクション）を与えるという前提に立ち、文化と交渉の関係の測定を試みてきました。

それまでにもジョイント・ゲインの交渉に作用するスクリプトとスキーマとして複数の要素が確認されていて、たとえば、ふたつの異なる情報共有スクリプト、情報探索と情報共有やヒューリスティックな試行錯誤型の探索がジョイント・ゲインに影響することがわかっていました。

ブレットらの日米間の異文化間交渉と同一文化内交渉の比較調査では、それぞれの価値観と行動規範、および交渉中の情報探索や情報共有行動の違いが、ジョイント・ゲインを焦点とした交渉の効率に影響していることが証明されています。たとえば、米国的な規範では情報探索が直接的であるのに対し、日本的な規範では間接的であることが、交渉演習の録音分析や質問票分析から明らかになりました。それぞれの異なる行動が衝突するとジョイント・ゲインの実現に必要な情報交換が阻害され、同じ文化の中で同一の演習をしたときよりも相手の利益や優先項目への理解が低いまま未熟な合意をしてしまう、可能性を埋もれさせたまま交渉を終えてしまうという結果に終わったのです。

文化心理学的には東洋と西洋という分類もあり、日本と中国はいっしょに扱われることもあります。しかし、私たちは直感的にも経験的にも、両国にはずいぶん違いがあることを感じています。平沢健一と安藤雅旺は、ふたつの国で使われる「関係」「面子」という言葉には異なる意味があることを述べ、ビジネスの現場への助言を示しています。

ブレットらは、文化プロフィールが似ているふたつの国のマネジャーの紛争解決状況の行動が、紛争当事者間の肩書きの上下で解決過程も結果も違ってくることを実証調査から示しています。

こうした知見は、実務教育に積極的に活用され、認知バイアスと文化バイアスへの気づきを促し、交渉行動を改善する要素として実践に活かされています。こうした学術調査を踏まえた実務教育を「Research based Education」（実証調査のプロセスと成果を活用した学び）とよびます。

文化差の他にも感情や自己中心性など、交渉行動に直接作用しながら、ある意味で自明のものとされ、行動意思決定論の実験型の交渉研究でも省みられていなかった要素など調査対象が多様化し、交渉教育にもさらなる貢献が期待されています。

第3章

『交渉学原論』概論

「原論」を考える
知の体系の骨格

交渉という言葉を見たり、聞いたりしない日はありません。毎日のようにテレビや新聞で通商交渉、M&Aや事業統合、同盟からの離脱交渉など、交渉に関する話題に触れます。社会は「話し合いで問題を解決する」という方向で動いており、交渉が一般的な行為となっていることの証といえるのだと思います。また、そうなって欲しいものです。

交渉の場で激しいやり取りが行われたとしても、それは言葉のうえでのこと、実際に銃弾が飛び交うようなことはありません。空爆が繰り返される戦いも、銃撃をともなう争いも、すべて「話し合いでの解決」という方向へと舵を切って欲しいものです。そのためにも交渉の本質的な論理を知らなければなりません。いまこそ、「交渉する」ことの論理を体系的に学んでおくことが求められています。

その論理の骨格を「交渉学原論」という名称で呼ぶことにしますが、ここからは順にその交渉学原論の骨格を示していくことにしましょう。

どのような知の体系（discipline）にも、骨格となるその内容を構成する論理の構造があります。その体系に基づいて、個々の部分論理が体系されて作られているからです。

たとえば、医学を学ぶ学生はその初期の段階で解剖学や生理学を学びますが、人体の構造を学ぶことで、その位置づけ、臓器の役割などの基本を知ることになります。この学びがその後の専門を学ぶ基本になるのですが、その学ぶ内容の骨格を示すもの、それを原論と呼ぶことにしたいと思います。

「原論」の意味とは？

社会科学は自然科学のように厳密にはいかない面もありますが、やはり原論を持っています。経済学は「経済原論」がその全体系を示すものとして、経済学部教育の初期に講じられます。その後に金融経済学、財政学、国際経済学といった詳細な体系へと進み、細部の理論を学んでいくことになります。

経済原論から学んでいくことで、「経済はどのような構造で、どのように動いているのか」、という骨格と動きを知ることができます。経営学、政治学なども同様で、それが原論とか原理と呼ばれているのです。

同様に交渉学も「交渉する」という行動をとらえて、ひとつの知的体系として考えようとするものです。交渉は技芸（art）、つまり「術である」、という考え方もあるでしょうが、筆者は技芸と科学（art & science）、であると考えています。

つまり、「学」としてとらえるべきものなのです。それは、交渉を意思決定論のなかに組み込んで考えるライファも同様です（注1）。原論とはひとつの知の体系として、「骨格と動き」を示すものと、筆者は考えるのです。

時代に求められる「交渉学原論」

社会科学による問題解決法を図るということは、「人はどのように行動すれば望ましい方向に進むことができるのか」を探ることにあります。交渉も最終的には「どうすれば問題を協働して解決し、合意に至るのか」という道を探り求める行為です。しかし、その合意に至る行為を学ぶだけでは、十分ではありません。

合意に至る道を探るには、その前に「なんらかの問題がある。その問題を解決するためにはこの行為が必要であり、だからこの方策が考えられるのだ」という前段があるはずです。その部分をさまざまな側面から考えて、解決する方法として話し合う、という行為に至るのです。

いくぶん面倒な話ですが、複雑で困難な問題を解決するためには、この論理を理解しておくことが必要になってきます。つまり、交渉の流れを知り、個々の技芸を用いるには技芸の習得だけでは十分ではありません。交渉学を学ぶときに「交渉とは、どのようなものか」という体系を頭に入れておく必要があり、その知識のフィルターを通して個々の問題に向かっていくことが求められるのです。

常にこうした考え方をベースにした態度で人に接することができるようになることで、社会の動きを「交渉学のレンズ」を通した眼で見ることができるようになってきます。

「この問題はどう解決すればよいのか。それはどのような交渉につながるのか。また、これは交渉がどのようなプロセスで進んで、どういう結果に至るのであろうか」、こうした推論ができるようになるのです。

こうした考え方をする人が増え、社会全体に知識が広まっていくことは、「話し合って問題解決を図る」という社会を目指すためには、重要なことだと思います。そのためには基礎知識である原論を知る人が増えることが、いま、求められてきています。

ところが、世間では「勝つための交渉」という考え方が流行していると聞きます。江戸時代の近江商人は「買い手よし」「売り手よし」「世間よし」の「三方よし」のような思想を持っていました。これは勝つための交渉とは多少、ニュアンスが異なるような気がします。

だからこそ、「三方よし」の考え方を持つことが重要なのではないか、と感じているのですが、単にここで私は「ウィン・ウィンの関係になろう」と主張したいのではありません。まず、相手が第一義にあるからです。

寓話になりますが、いくらかの損を覚悟で仲良くさせる「三方一両の損」といった態度も重要です。筆者自身は「君にもよし、僕にもよし。僕は君よりチョッピリよし」くらいの感覚が好きでそうしているのですが、相手のことを思いやることは、基本的に重要なことだと思うのです。そのためにも交渉学原論という基礎知識を知ることが望ましいと考えます。

基本的認識
合意があってこそ交渉

「話し合いで問題解決」をする交渉

交渉は「話し合いによって問題を解決する」行為です。それは、一般に「話し合いをする場（テーブル）で行われるやり取り」と、とらえられています。そのため、

「ちょっとコーヒーでも飲んで話し合いませんか」

「そうですね、チョッと寄って話し合いましょうか」

という程度の会話ですまされる行為くらいの意味しかないものに思われがちです。しかし、実際には高等なコミュニケーションである「相手の説得」という内容まで含まれており、単純な対話ばかりではないのは明らかです。しかも、対話で目指すものは、「最終結論に到達するための合意」です。そのときには、「何のために交渉をするのか」が問われなければならず、それは「問題解決のために行われるプロセスの最終段階での対話」となります。


ですから、コミュニケーションは重要な交渉の要因になりますが、コミュニケーションに長じているだけでは、十分だとはいえません。テーブルについて話し合いがされる前に「この交渉は何のために行われているのか」を理解してはじめて、成り立つのです。

なぜ、交渉が行われるのか？

このように交渉は話し合いによって問題を解決する行為なので、「問題解決のプロセス」について考えることが必要になってくるのですが、人はさまざまな問題に直面したときに、いろいろな手段で解決しながら前進しています。意思決定といい、ひとつのプロセスと考えます。そのプロセスを通じて、個人や組織で問題の解決を図っているのです。

ただ、個で問題の解決方法を見出すことができても、個でそれを実行していくことは不可能な問題を解決する必要があるケースもあります。そのためには協働することが必要となります。

相手と話し合い、実行方法を協力し合うこと。つまり、このときに交渉をするのです。組織内においても、組織外に対しても「話し合いで、協働して行う意思決定」をする、それが交渉なのです。

交渉のプロセスで、「意思決定について考えていく」ことが求められるのは、こんな理由もあるのです。

また、交渉プロセスにコミュニケーションの考察を除外視できないのは、「ふたり以上の意思決定であるために、何らかの対話を行う必要である」ことにあります。話し合いがもたれること、それが根底にあるのです。

意思決定の先にあるもの

意思決定とは、「ふたつ以上の代替案、選択肢の中からひとつを選択する行動」です。それはやさしい問題からむずかしい複雑な問題、個で行う形から複数人で行う形、その場で短時間に行えるものから何年もの長い時間をかけて行うものまで、いろいろなタイプがあります。

それらの問題の難易さは別として、「個で考えて、個で実行する」型の意思決定問題は交渉につながりません。また、個で行っているようであっても、実際は何らかの要請で一枚岩になっている個も存在します。一枚岩になるには仲間同士のさまざまな協働化へ向けた努力が求められています。この努力は交渉の一形態だといえるのです。そういう意味で、交渉には一般に考えられる「組織外との話し合い（対外交渉）」と、「組織内での話し合い（組織内交渉）」があります。

ですから、意思決定の結果として選ばれた案が、通常は実行に移されますが、その案を実行するに当たってひとりでは、実行がむずかしいということも多く見られます。

そんなときに、何らかの助力を求めることになり、協働する相手を探さなければなりません。それに応えて助力しようとする考えを持つ個や組織が登場するのです。まず、行われるのが話し合いです。こうして交渉はじまります。交渉という行為は、個の意思決定の先にある行為といえるのです。

また、最初から相手を求めて「協働でことをはじめよう」というふうに行動することもあります。その場合、話し合いの前に「なぜこの話し合いが行われるのか」、ということを考えることになります。それが「なぜ、このことをするのか」という疑問を解消して実行策を話し合う、交渉という協働のプロセスへと続くことになるためです。

いずれにしても意思決定をした結果は、実行へと移されるのです。

①問題が起こり
②解決策を考え
③意思決定をし、協働する

のです。この一連の流れを知ること、それが「交渉学を学ぶ基本である」ということを認識しておきたいと思います。このプロセスを前提にして、「交渉学原論」を構成する論理を考えていかなければならないのです。

意思決定は交渉へと続く

意思決定をしたあとは、選んだ案を実行することになります。そこで個としては実行できない場合には、「交渉」という行動が求められます。ここで単純で短時間で意思決定できるやさしい事例と、大規模で複雑な意思決定を要する場合の事例を、架空の話を用いて説明しましょう。

実際に交渉には、日々、目にするようなできごとも、生涯に一度見るか見ないというようなできごともあります。

【事例1】おじいさんの願い
おじいさんが炬燵に入り、うつらうつらしています。少し喉の渇きを感じてお茶でも飲もうかな、という気になりました。「おばあさん、お茶でもいれてくれないかな」と声をかけました。おばあさんは「はいはい」と応じて、お茶をいれてくれました。

おじいさんのお茶を飲みたいという意思決定は、おばあさんに声をかけることで実行されました（協働の意思決定で、交渉の合意ができたケースと考えられる）。

もし、おばあさんが、「縫いものをしているので、いまはちょっと無理ですよ。ご自分でいれてくださいな」と答えたとしたら？　おじいさんは自分でお茶を入れるか、面倒だから止めるか。どちらかの行動になります（合意に至らなかったケース）。

おじいさんがおばあさんに、こうして声をかけるのは、日常生活の中ではよくあることだと思います。ありふれた事例のようですが、このやりとりも、実は交渉といえるのです。

さらに、おばあさんが、「お煎餅がありますよ。いっしょにいただきませんか」と、出してくれました。おじいさんは、何かホッコリと温かい気分になり、ふたりでお茶を飲みました（合意点が上昇した成果で、これは協創型の交渉）。

でも、おじいさんがひとり暮らしだったら（個であったなら）、このような展開にはならず、自分でお茶をいれることになったはずです。

【事例２】事業規模の拡大

A社は4つの事業を経営しています。そのうちの一事業が好調に進んでおり、その好調な事業の拡大をしたいと考えています。情報を得る中で事業環境は、今後5年以上好調が続くと見込めますし、それに関連する製品開発を行って新たな方向を目指すこともできる、そう確信したのです。

事業を拡大するにあたって、部長級以上の参加する会議で議論し、「新規投資による拡大」「M&Aによる事業買収」「TOBによる事業の買い取り」などが検討されました。それぞれのメリット、デメリットを出し合い、将来の問題も含めて討論しました。

結果として、どの方法を採用しても、何らかの交渉をしなければならないということは明白です。

・新規投資をする場合――証券会社との話し合い、大株主との相談や取引銀行と交渉する。
・M&Aによる買収――M&Aを仲介している銀行や証券会社を通して適切な相手を探し出し、その後、相手の会社と交渉する。
・TOBによる買い取り――証券会社と相談して可能と思われる会社を選定す

る。その後、相手会社と交渉する。

いずれを選んだとしても、それぞれの行為に引き続き交渉行動が待っています。しかも、それぞれが異なった交渉行動につながることになります。

このように意思決定をすることには、結果がつきものです。交渉相手にだれを考えるか、相手と何を話し合うか、という形で交渉行動への問題設定をするという行為となります。意思決定は交渉と連結した一連の活動として考えることができるのです。

すべての意思決定という行為がこの連続性を持っているわけではないでしょうが、一体性を持つかどうかの判断を必要とするものが多いのは事実です。

交渉を学ぶにあたって「テーブルについて問題を提起し、問題について対話をして、合意に至る方策を探る」、というトレーニングだけではすまない理由が、ここにあるのです。意思決定について学習することが「交渉を学ぶ原点」であり、そこに原論を学ぶ理由がある、と私は考えています。

意思決定の理論

ふたつの理論体系

「意思決定をする」とは、ふたつ以上の代替案、選択肢のなかからひとつを選択する行動をいいます。その理論体系として、次のものがあります。

❶ 規範的意思決定論
❷ 記述的意思決定論

前者は論理的な人間を想定し、その行動にそって合理的な意思決定をするならば、という考えに基づいて構成された理論です。後者のH・ライファやR・ハワードに代表される研究者がいます（注2）。

一方、実際の人間は論理的に動かない。それぞれが持つ感情や置かれている状況などの影響を受けるし、思考の枠にもとらわれる。そのような人間行動を研究する認知心理学の成果を利用して意思決定の理論を考える方法が提唱されてきました。

その成果は行動経済学として経済学にも波及し、それに基づく意思決定理論の展開が図られてきました。ノーベル経済学賞を受賞したH・サイモンやD・カーネマン、A・ツヴァースキーなどの研究者によって、展開され発展し、普及しています（注3）。

この小論では論理的な枠組みを創るという観点から、意思決定を合理的な人間が論理的な思考で考えを進めるという立場の❶による意思決定論を用いて、その理論を中心に、ここからは話を進めていきましょう（現実は、両者の融合的な方向へと進んでいる）。

意思決定までのプロセス

「意思決定」とはその用語から判断して、決定をする一時点というイメージでとらえられがちです。しかし、決定に至るまでは一連のプロセスであり、そのプロセスを経た結果として最終の一時点の決定が行われます。

プロセスは、次のように考えられます（論理的、合理的な人間は、こう考えて行動するという思考）。

❶問題を発見→❷目的を設定→❸代替案を模索→❹結果を考える→❺結果の評価と選択→❻決定

実際、これらすべてを論理的に考察して決定がなされるのではないだろうと、

考えられても不思議ではありません。「最も合理的に考えたときに」という前提で考えているためです。

❶-1 問題の発見

意思決定は「問題をどう解決するか」を考えることを主眼にしています。しかし、問題は些細でやさしく単純なものから重大でむずかしく複雑なものまで、多種多様に存在しています。また、いつも「これを、こんなふうに解いてください」と提示されるものでもありません。

しかし、与えられた問題は解を見つけることが要求されています。現実には「これは本当に問題なのか」と、意識できないものも存在しています。それらすべてを発見し、論理的に考えて追求する必要はないことが多いのでしょう。しかし、意識の底には、たくさんの問題が存在しているという自覚は必要です。

❶-2 問題の種類を知る

どのような経緯で問題は発生するのか。その違いで解を求める方法も異なってきます。大きく複雑な問題の場合でも「解はこの範囲で」という求め方もありますし、小さく単純な問題の場合でも「自分流に好ましい方向で」という形で解決を考えなければならないものもあります。

どのような問われ方をしている問題なのか、そこをとらえて解を創ることが肝要です。

❶-3「自己発生的問題」と「非自己発生的問題」

また、一定の時間が経過することで必ず問題が発生する場合があります。こうした問題を「自己発生的問題」といいます。具体的には、毎年、組んでいかなければならない予算設定のように定期的に起こる問題。それは国家を左右する大事な問題でしょうが、定期的に発生する問題です。このケースでは、解もまったく新たにというわけではないと思います。

一方、いつ起こるかわからないような問題は、「非自己発生的問題」といいます。不定期に起こるという点からも、どう日ごろから意識しているかという主観性の点からも、問題と認識するのが困難な場合が多くあります。ですから小さなものであっても、見出すことも解を創ることも、必ずしもやさしいとはいえない面があります。

❶-4「対応的な解決」と「先見的に考える問題」

問題は社会環境、自然環境などが変化することによって生じてきます。たとえば、ライバル会社が、ある新製品を出しました。自社も開発に力を入れていれば、当然、それに対応して同様の製品を追加発売することを考えていくことになります。

一方、独自に考案し、追随者もなさそうで、「よし、これこそ新製品になるぞ」という思いに至る問題もあります。前者は対応型の問題といいます。後者は思いつきからはじまりますが、頭をひねって知恵を出し合い、研究を続けるというタイプの問題です。先例が少ないので、「先見的問題」といいます。

前者は対応的な意思決定をすることで応じられますが、後者は自発的に考えを進めて、独自な解を見出すことが求められます。その結果は思わぬ方向へと発展することも起こり得るでしょう。

いずれにしても、「やさしい問題か、むずかしい問題か」「大きい問題か、小さい問題か」ということではなく、「問題の発見」をすることから意思決定のプロセスがはじまるのです。

❷-1 目的を設定する

このように問題が明瞭になったなら、それをどの方向に向かって解決していくのかを考えていくことになります。

たとえば、これから「山の絵」を描くことになったとしましょう。そのときに、「なだらかな山」の絵なのか「険しい峰々の高山」の絵なのか。どのように山を描きたいのかをまずは、考えることになります。はじめは具体的なイメージが浮かばなかったとしても試行錯誤しながら考えているうちに、だんだんと自分が描く山の絵の方向性が決まってくるものです。

また、大学3年生の学生が「卒業後の人生をどう送ればよいか」を考えて職業選択に悩んでいるとしましょう。もし、「いい仕事ができる職業に就きたい」と考えたとすれば、「いい仕事とは何か」ということについて考えることになります。

それによって仕事の専門性や性格などを考えたうえで、自分に合いそうな職種を思い描くことになります。

その結果、「人に接することが好き」「会社内よりも外に出て動き回りたい」「細かい規約を読んだり、計算をしたり、考えたりするのは好き」というように、自己分析を進めていく中で、「IT企業の営業職として仕事をしたい」という目的にたどりつくのです。こうして自分の人生の目的がきまった時点で、はじめて自分が目指す方向に一致した学生を求めている会社を候補として選び出し、その中から最終候補となる会社を選んでいくことが、合理的選択であるといえます。

❷-2 価値を見出す

人が何かをしようという意欲を持つのは、そのことに何らかの価値を感じるからです。「何かことをなしとげたいものだ」と、時間をかけて考えるのも同様です。価値とは評価の基本となるもので、金銭的なものだけではないのです。「いい演奏」「すばらしい演技」「おいしい料理」「優れた製品」。このような言葉はすべて価値を表明したものだといえるでしょう（注4）。

人が感じている価値を実現しようとするとき、それを実現する「その方向を目指すもの」を目的といいます。目的の行き着く先を限定したものを目標といいます。具体的には100メートル競走の目的は「より早く走る」です。「9・9秒台で走る」となると目標となり、到達できたかどうかの判定が可能な数値で示されます。意思決定の段階では「どちらに向かって進もうとするのか」が、まず明示されるのです。

❷-3 枠組みを考える

行き先である目的を考える人は、だれでしょうか。その問題を考える立場にいる人です。つまり、その問題に立ち向かっている、その立場にいる人です。価値の問題は、どこにいるのかという立場によって異なってきます。景色も高いところから見下ろす俯瞰的なものと、平面から見るものとでは異なっているのと同じです。

また、その問題をどれくらいの範囲で考えなければならないのかも重要です。時間的範囲（いつまでに）、金銭的範囲（どれくらいの額まで）、使える人数（何人以上、何人まで）という具合に範囲が決まります。

時間も範囲の問題として考慮されなければなりません。「今日中に」「3年以内に」という具合に限定されます。このようにフレームが作られ、そのフレーム（枠）の中で考えることなのです。

❸-1 代替案を考える

目的を遂行するには、いろいろな手段が考えられます。具体的に「東京から福岡に行く」という行動を考えてみると、どのような手段があるのでしょう。「羽田に行って飛行機に乗る」のひとつだけでしょうか。

考えてみるといろいろな手段があります。「速く行きたい」「ゆったりと行きたい」「安く行きたい」「早朝に着くように行きたい」「自分のペースで行きたい」など、実際、目的に沿ってさまざまな方法が考えられます。どのような手段をとるかで目的達成の満足は異なってきます。「範囲」という観点から、「金額」「時間」が関わってきます。

一概に「飛行機で行く」が、良案とは限りません。「自分の乗用車を運転して行く」「レンタカーで行く」「フェリーで行く」という案も「いい旅をする」という観点から考えられても、おかしくはありません。

実際にどれを採用するかは、考え出した案の中からしか選ばれることはないでしょう。代替案を多く考え出すことは、考えるという行動の幅を拡げることにつながり、好ましいことです。しかし、実際には数多くの代替案を考えていくことは、むずかしいともいえます。また、ちょっと風変わりな案は、「変わった案だな」ということで、即座に敬遠されることもあると思います。

また、奇異な案は好奇の対象となり、拒否されることも多いのではないでしょうか。そのため結局は、「ありきたりの案」がつくられ、それを実行に移すことが多くなるのが、現実のむずかしいところです。

❸-2　自由な発想で考える

本来はお互いが批判をせずに、自由な発想で代替案をつくり、出し合うことが望ましいことです。そうした環境をつくることで、思い切った案を生むことができます。ブレイン・ストーミング法は、そのひとつです。ただ、よく使われている一般的なブレイン・ストーミング法を取り入れると、自由な発想ばかりが進みすぎて、最終的にまとめるのが困難になってくることもあります。

しかし、そこに価値の問題を加えると、発想がまとまりやすくなり、目的に応じた成果が出やすくもなります。価値の表明をすることで「立場」、つまり、視座がはっきりしてくるので、その視座から何をすべきかを推測できるようになるのです。

❹-1　「予想される結果」と「表示される目標」

代替案が揃うと、それぞれの案はどこまで目標の達成ができるかがはっきりします。A案でいくなら「マーケットシェア5％増」「売り上げ5億円増」「投資金額3000万円必要」「営業経費2000万円増」という形で目的の成果と必要なコストが示されることになります。

この結果は数値で表示するものとは限らず、文字で表示してもよいのですが、その場合、「非常によい」とか「好調である」「やや不振である」というような言葉によって結果を表記する方法を使うことになります。単語で表記するのは人によって受け止め方が異なりますので、それを避ける意味で最高5点、最低1点という点数表現方法を用いるやり方もあります。

考えられる代替案すべてを記入したら、それを一覧表にして示せれば、このまとまった結果表を基にして、いろいろなことが考えられます。

この表の作成ですが、縦軸を代替案、横軸は評価項目として表示します（これは逆にしても同じこと）。この一覧表のよいところは、客観的に状況を眺めることができることで、「A案はどの項目に対して有効な働きをし、どの項目では不向きのようだな」ということが、すべての案に対して読み取れることです。また、比較もできます。すべてを数値化しているため、「最も高得点の案はどれか」「どれがこの点で弱いか」というような情報を手に入れることもできます。

❺-1 「価値の重みで交換する」トレードオフ

評価項目は、評価者の価値によってつくられています。「あの項目の価値は重要で、この項目の価値より30％重みがある」と、感じとったとしましょう。そんなときに両者は、「この価値」には30％の重みをつけて「あの価値」と交換することができる、と考えることもできます。これをトレードオフといいます。

この考え方は、個々の評価項目の重要度は均等ではなく、重要と考える項目のウエイトはそうでない項目のウエイトよりも大きい、ということを意味しています。実際に、重要度はウエイトで表示して用いることがあります。次はその一例です。

【事例】「良い料理」の評価

A、Bふたつの料理のうち、どちらが「良い料理」であるかを評価するテレビ番組がありました。その番組では、「良い料理」とは「食べてみておいしい」「見た目がきれい」「盛りつけがよい」の3項目で評価して、審判によって高得点を与えられた作品を「良い料理」としています（この評価は番組の中では明示されない）。

評価する審判者は「おいしさ」を10点満点で、「見た目」を5点満点で、「盛りつけ」を5点満点で評価するというシステムです。3項目全部が満点なら、最高点として20点になるという評価法をとっていました。食事をした後で点数を集計してみたら、Aさんの料理は18点、Bさんの料理は17点という具合になり、「Aさんの勝ち」という評価になりました。

この評価方法は、最高点について、「おいしい」は10点、「見た目」は5点、「盛りつけ」は5点という点数づけをしています。そのことで、すでにそれぞれの項目に0・5、0・25、0・25というウエイトづけをしていることになっています。

❺-2　ウエイトをつける

ウエイトのつけ方は、いろいろあります。単純でやさしいもの、意味がわかりにくいものから、複雑ではあるが精度は高そうに思えるものまで。どれを用いればよいのかは、使う人の考え方次第で決まります。

厳密に温度を計測したり、重さの計量をしたりするのではありません。心の中で「感じるもの」の違いをどう感じているのか。その違いをどう表現しているのかが問われているからです。人によって感じ方は違うので、「これでなくては絶対にダメ」、というのは個人的な感想です。

グループで一枚岩になる必要があるときは、個々人の考えるものを単純平均するのもひとつの方法だと思います。主観的ではありますが、それはそれでよいと思います。人間の判断に基づくことなので主観的に行くことこそ、重要なことになるためです。

❻「どれにするのか」を選ぶ

いくつかの代替案のうちから、最良の案を選択したいと考えたとしてみましょう。これが前提なら、作成した「予想される結果表」に基づいて行えばよいことになります。全体を眺めて最も良さそうだと思われるものを選んで、「よし、これで行こう」というやり方もあります。

また、予想結果を代替案ごとに加算して、最も大きい数値を示す案を選ぶ方法もあります。予想結果と要因のウエイトを掛け合わせて代替案ごとの期待値を計算し、その期待値が最大となる案を選ぶという方法もあります。

結果表の結果をさらに効用値に直し、ウエイトと掛け合わせて期待効用が最大になる案を選ぶ、という方法もあるのです。

どの方法によって選ぶのだとしても、ここで選ばれた案が実行されるものであるという点を考慮して、慎重な選択が求められます。こうした結果として選ばれた案が、実行されていくことになるのです。

❼「意思決定論の一部」としての交渉

意思決定は交渉につながる行為です。交渉の問題は意思決定の結果が引き継がれているものが多くあります。意思決定としての部分はすでに終わり、水面下に沈んでおり一見、関係がないように見えるものでも、それが行われなければならない問題につながっているものです。

交渉し、話し合いで解決しているように見える場合も、「なぜ、それが行われるのか」という部分に立ち戻って考えていくと、実は個人の意思決定や組織の意

交渉行動の理論
人間行動の要として

思決定に基づいて導かれていることが見出されます。

ですから、「なぜ、これが行われているのか」を十分に考えることで、交渉の重みがわかってくるようになります。そこに「その交渉問題の精神」が込められているわけです。「重要な意思決定の失敗は、元に戻すのはむずかしい」ものです（What is done cannot be undone）。

人が純粋に個として行動できることは、限られています。それを補うのがさまざまな協働関係であり、それによって組織として大規模な行動がとれるようになったのです。個のときも、組織として大きくなったときも、協働して行動をとり続けました。

その行動のひとつが、話し合いでことを解決し進めていくという交渉です。意思決定された結果を協働して実行に移さなければならない局面は多いものですが、それは自己の思うままに実行することではありません。

相手から理解され、承認されたところで実行する必要があります。さらに、協働は一方的な行為ではないので、相手が何を望んでいるのかを考慮して、そこを踏まえて了承されたうえで実行していくことも必要になります。そのために相手と話し合い、相互に理解をし合うという行動がとられるのです。原則的交渉行動といえるものです。

そのうえ自分の組織内部も、問題によって相互対立が起こります。特に関心事項についての違いがあると、部署と部署の利害は対立することになります。その対立を解消するためには、話し合いが必要になってきます。また、対外的に行動するときには組織として一枚岩になることが求められます。組織体としての個として動くためにそれが求められるのです。

その個となるプロセスにも交渉が組織内部で行われます。一枚岩といっても、常に一枚岩の状態であり続ける、ということではありません。対外的に、特定の問題に限定して、という場合が多いのです。

人間はさまざまなやり方で「話し合い、協働してことを進める」、という方法を進化させてきました。「交渉」はそのひとつであり、現代の人間行動の要であるといえます。有効な交渉行動は円滑な人間関係に必要なものです。

だからこそ、それは求められるのです。その普及のためには、交渉行動は「学として認知され、生活の基礎知識として学習の対象」とされなければならないのです。そのために交渉学として知的な体系（discipline）化をはかり、展開されなければならない、と私たちは考えているのです。

ふたり以上の話し合いで解決する

交渉はふたり以上の人が話し合う、という行動を通じて行われるものです。ただ、漫然と行われるのではありません。両者間に生じた問題に関して、お互いその問題をどのように解決しようか、ということを考えて話し合っていきます。そのふたりを仮にAさん、Bさんと呼ぶことにしましょう。

Aさん、Bさんのそれぞれが持つ関心の向きが同じか、反対かで交渉に対する行動は分かれてきます。

❶-1 折り合いをつける「分配型交渉」

Aさんは売り手、Bさんは買い手としましょう。Aさんの関心はできるだけ高く売りたい、ということです。最初に提示する額は高めになります。しかし、売れないときは値段を下げなければ売れません。しかし、これ以上は安くできない、という最低額を心の中に持っています。

Bさんの関心はできるだけ安く買うことにあります。しかし、売り手のAさんが提示する額はそれより高いかもしれません。そのときは提示額を上げることになります。こうした行動を繰り返して、両者の提示する額が一定の範囲内で折り合うことで交渉は合意に到達し、売買は成立していきます。Aさん、Bさんのふたりの売買交渉で売り手の売ることができる値段の幅と、買い手の買うことができる値段の幅に重なる部分があるなら、その幅を合意可能領域（Zone of Possible Agreement : ZOPA）といいます。

この領域の中でなら合意することができる、と考えるのです。この合意可能領域ができないときは、交渉が成立しません。

交渉項目ひとつで考える場合は、このような型の交渉となりがちです。これを「分配型交渉」と呼びます。ただ、純粋に分配型ということは少なく、何らかの補助的な行為が付け加えられることが多く見られます。

❶-2　新たなものを生む「統合型交渉」

AさんとBさんが話し合って協働で事業をすることにしました。出し合うものは資本金、お互いが持つ技術と能力、相互に持っている取引先などが考えられます。両者の協力によって初めはぎくしゃくしていた新たな組織は円滑に動くようになってきました。また、協働で開発した新たな製品は上手くいき、いままでの製品に組み込むことで人気を博して売れています。

両者が個々に持っていた力がそれぞれ1であったとするなら、協働することで「1＋1＝2」以上の力を発揮しているのです。相乗効果は大きいものだと思われます。このような協働して新たなものを創造することを考える型の交渉を「統合型交渉」といいます。

交渉にあたって、交渉の要件が複数あるときは、関心の向きが反対のものがあるはずです。それらをお互いが譲り合うことで合意に到達することが可能と考えられるのです。それを行うことで成り立つのが統合型交渉です。

❶-3　統合の成果を分配する

二者が統合し、協働してそれを円滑に進めていくのは、好ましいことです。しかし、次々と統合が進んでいっても双方の考え方の違いが出てきて、分かれていく事態になる交渉もあります。時代の流れや社会の変化がそれをもたらすわけです。組織が大きくなるということも、それぞれが持っていた体質に異和感を生じさせるのです。

目標としてきたものが徐々に異なってくるからです。こうしたことが原因となって組織を分離したほうがよいのではないか？　という考えをもたらすことも起こり得ます。その際、統合していた間の成果は十分に出ていますし、個々に存続することが可能にもなってきます。両者が新たな道を歩むことを考えていくことになるのです。

また、ほかにもさまざまなメリットが生じているとも思われます。こうした状況で分離するとなれば、ここでは分離についての交渉が行われることになります。つまり、統合時の成果は、適切な分配をする交渉でなされていくのです。

準備に必要な「交渉の7つの要因」

交渉はふたり以上の個人、組織が行う問題解決のために行う公式の話し合いです。そのため基本的にはテーブルを挟んで、面と向かって行われる話し合いである、と考えられます。公式に話し合う前に何もせず、ぶらりと出かけて行って話し合いをするということは考えられません。

ですから、テーブルに向かう前は十分に考えて、準備をすることが求められます。そのために行うことが、「交渉の7つの要因」とよばれるものです。この要因に関してはM・ウィーラーの挙げる要因と、R・フィッシャー、D・アーテルの挙げる要因の2通りがあります（注5）。

それぞれは次のように列挙できます。

＜M・ウィーラーの考える要因＞

[a] BATNA　[b] パーティー　[c] 関心事項　[d] 価値
[e] 障壁　[f] 力（パワー）　[g] 倫理観

＜R・フィッシャー、D・アーテルの考える要因＞

[a] 関心事項　[b] 選択肢　[c] 代替案　[d] 合法性　[e] コミュニケーション
[f] 関係　[g] 実行への決意

どちらの説を用いても、交渉は自己の考えだけですべて思う通りに行えるものではありません。どのような考え方で相手方が臨んでくるのか、そこを考慮しておくことが必要になります。

ふたつの説には重なるものもありますが、独自な要因もあります。両者の考える要因を参考にして、交渉の準備として考えておかなければならないものを、筆者独自の考えとして、次に挙げておくことにしましょう。

❷-1 「十分に考えるべき」要因

・関心事項

交渉によって達成したいもの、それを「関心事項」といいます。つまり、交渉することの原材料とでもいうべき事柄だといえるものです。いま行う交渉で何を目指しているのか、何を手に入れたいのか、それを明確にしておくことが必須です。関心事項がひとつだけしかないという場合、それに対してどの程度、強い関心なのかを考えなければなりません。

問題に関わる関心事項がふたつ以上ある場合は、すべてについて「どの事項がどれよりも重要なのか」を考えておくことが大切です。事項の重要さの順位とそれぞれの事項の重要度を考えなければなりません。ここを明白にしておくことで、「どの事項に関してどれくらいまでなら譲歩することができるのか」を考えることが可能になるからです。

また、相手の関心事項に対する様子はどのようなものかを推測しておくことも必要です。交渉は相手方との話し合いで行われるものですから、相手の思いを知っておくことが望ましいのです。

両者の関心事項すべてが同じであるなら個々の事項についての話し合いになりますが、それは稀なことです。関心事項に相違がある場合は、それについて相互に「どのような思いでその事柄に関心を持っているのか」について話し合います。相互に理解をし合うことで「何を譲ることができるか」「何を要求することができるか」を考えて、合意への道につなげていくことになるのです。違いを認識し合うことが交渉の重要なポイントともいえるのです。

・BATNA

この名称はフィッシャー、ユーリー、パットンが名づけ親で、「Best Alternative to Negotiated Agreement」の各語の頭文字をとって命名したものです（注6）。交渉の当事者間でどうしても合意に至らなかった場合、どうすればよいのでしょうか。

交渉は合意を求めて行うプロセスです。二者が話し合う内容を検討して、「これでいいな」という納得ができるなら合意することになります。そのときは、「合意したほうがしないよりも好ましい」と考えているからこそ、こうした結果を得られるわけです。しかし、「これではどうも……」と躊躇しており、現時点で話し合っている案では、合意に至らない場合があります。

こうしたときに、交渉に臨んで取り上げて話し合っている案に代わって、これでいってもよいのでは？　と思われる別の案、つまり、代替案を「BATNA」といいます。

この案を取り上げると、交渉する相手が代わってくるケースもあります。しかし、現在行っている話し合いが行き詰まったときに、当方はこのような案も考えているのだということを示すことで、話が合意へ向かう道へ戻り、交渉は進みはじめることにもなります。

❷-2　「事前に考えておくべき」要因

・パーティー

どういうメンバーで交渉に臨むのか。だれが代表者になるのかを考えておくことです。

・価値
関心事項とほぼ同じことをいいます。
・コミュニケーション
どのような形で話し合いをするのが好ましいのか。それは内容に関して想定しておくべきことだと考えます。
・障壁
交渉者間にどのような事柄が壁となるのかは想定して対応しておくほうが望ましいことだと思います。
・関係
交渉する相手と信頼で結ばれる関係を構築することは重要です。長く良好な関係を保持しようとするなら信頼に基づく関係が築かれなければ上手くいかないことだと思います。

❷-3 「想定が当然と考えられる」要因

次は交渉するときに当然考えられているもので、改まって考えることが必要なのかと思われる要因ですが、大切なことなので、ここで整理します。

・力（パワー）

どのような力をだれがどのような形で持っているのかは、パーティーを組むときに想定されることです。

・倫理観、合法性

倫理的に不当なこと、また、合法的に疑問に思われることは、正常な交渉にあたっては常識として考えられる範囲外の事項といえます。特別な問題を除いて、取り上げなくても十分です。

・代替案

これはＢＡＴＮＡに関わることであり、意思決定の場合は重視することが必要です。しかし、交渉の準備にあたっては、ＢＡＴＮＡを十分に考えておくべきです。

対面の場を離れて考えるのも大事

交渉は「テーブルについて話し合うだけの行為」という考え方が最近、変わってきています。テーブルを離れて準備をする行為が重要視されるのは、その表れのひとつだといえるでしょう。全体像を考えて、交渉の流れを高いところから俯瞰するように思考し、全体的に交渉の流れをとらえる、という戦略的な考え方も重視されてきました。

特に大きく、重要な、長期的視点の問題に関する交渉はそういえます。その考えのもとで交渉はデザインされなければならない、という発想へと変化してきたのです。交渉学の研究は理論としても、実戦の面でも、そのような方向で進んできています。その代表的な交渉理論のひとつがJ・セベニウスが主張する3Dの交渉です（注7）。

❸-1　3Dの交渉

3Dとは3次元ということで、交渉を3次元が同時に機能するように考えることです。それぞれの次元は、1次元「（取引の場における）戦術」、2次元「取引の設計」、3次元「セットアップ」、となります。

従来、交渉は「ウィン・ウィンになるように」とか、「ウィン・ルーズという形で」といった戦術的なことを考える観点から論じられてきました。つまり、「交渉の場という点でいかに合意を目指した行動をするか」についての研究が主に行われていたのです。

しかし、それでは交渉行動の全体像を知ることにならないと、J・セベニウスはふたつの次元を加えて3次元で考える、という主張をしました。それは位置的に見ても3次元になっています。

交渉が行われる場である点（1次元）、そこに設計図（交渉をどのような形で進めるかのデザイン）を持ち込むような行為は2次元になります。点から離れてデザインし、点に移動するという形を考えれば線で移動する形になるから2次元と名づけるのです。

全体がどう動くのが望ましいのか、その構成図を描いてみて、どこに問題があり、どこが難所になるのか、難所を通過するにはどう迂回すれば上手くいくのか、障壁はどこにあるのかなどを全体の流れの中で考えるのです。

これは高い地点から全体を眺めている構図です。山の上から下界を眺め稜線を振り返っている図、あるいは4階のバルコニーから街の流れを市庁舎の入り口まで眺めている光景を思い浮かべれば当てはまります。このような行為を交渉の行動に当てはめるなら、それは3次元の俯瞰図になり、そのような思考法を3次元と称しているのです。

・1次元——「交渉テーブル」で、どう行動するか

テーブルについて、相手方と「どのように話し合うのか」「先に話しかけるのがよいのか」「攻撃的な方法がよいのか、宥和的な方法がよいのか」「非言語的な行動をどう読み取るか」などが、交渉を考えるうえで重視されています。しかし、面と向かって話をするには「自己の望む内容は何なのか」「何を目指しているのか」「相手方は何を望んでいるのか」などを考えていなければなりません。

・2次元——「取引設計」に注力する

交渉という取引は設計されるものです。それは「永続的に価値を生み出す取引をどのように設計すればよいのか」ということでしょう。基本的には、一時的に「勝った・負けた」を考えることではなく、長きにわたって上手くいく関係を築くことにあるのです。それを設計する、というのが2次元の思想なのです。

提示される取引の条件は「自分の側に有利である」というだけでなく、相手方にも「十分な価値をもたらしている」ものでなければならない、と考える点にあります。取引の内容は目的を達成する点に届く必要があります。これが欠けていると、元のデザイン室に戻って設計のやり直しをすることになります。そのとき

には、なぜ、上手くいかないのかについて相手と話し合いをすることも考えなければなりません。これは、デザインの段階で行われます。

・3次元――「セットアップ」に焦点を当てる

交渉のテーブルから完全に離れ、全体像を描いて、相手と顔を合わせる前に最適な状況をつくりだしておくこと。これによって戦術的な話し合いをはじめる前に交渉のテーブルが有利な形に設定されます。山の上から登山道を眺めて、ここが難所であり、ここが沢で、その上に滝があり、ここが岩場で……、という具合にとらえておくと山頂へ至る道が明瞭にわかってきます。

交渉をこうした流れととらえ、「交渉の進行を想定し、交渉に参加する者が適切な順序で、適切な関心事項について、適切な時期に……」と進めていくことが合意に至る道を創る、と考えるのです。

そうすると、うまくいかない場合はどこに落とし穴があったのか、どこで失敗したのかなどもわかってきます。全体像をどのように把握して、目的に至る道をセットアップするという行為は、交渉では相手がどのように動くかも想定して行うことが必要です。交渉は自分と相手とのふたりの行動なのです。

交渉とは、「ゲームを形づくる」こと

交渉はゲームであるが、それはスポーツのような「勝ち負けを争うゲームではない」といわれます。実際、時間の制約や厳格なルールもないし、相互が満足しているなら「両者が勝ち」という点ではスポーツとはまったく異なっているものです。ウィン・ルーズの交渉を考えるなら「勝ち・負け」は存在することになりますが、負けを意識する前にゲームから離脱することは可能です。

また、ウィン・ウィンを目指すなら、それはそれで好ましく望ましい態度です。しかし、交渉は「ゲームを形成することである」という主張もあります。この場合、ゲーム理論という内容のゲームを想定していると考えられます。

ゲーム理論では勝ち・負けが強調され、そのような話の展開は多いのですが、注目すべきは「協力ゲーム」「提携ゲーム」という論理もあります。「相互が協力すると、短期的な取り分はお互いに少ない。しかし、長期にわたってゲームを続けるならそれは双方にとって好ましい結果をもたらす。全体の合計利得は大きいものになる」ということです。この考え方を交渉に取り入れて、「お互いが問題

を考えて、どのように解決するかを相談するゲームを創り出すことである」とM・ワトキンスは主張しているのです（注8）。

人間行動の善を前提にゲームの理論を考えて、それを交渉理論の形成に用いようとするものです。

この考えも交渉はテーブルを離れて考えなければならないことが多いのだ、という主張のひとつになります。時間をかけて長期の考えに基づいて解決に当たらなければならない問題、複雑な対立があってその解消を目指す紛争解決の問題などには、この方法が望ましいのではないか、と考えます。

意思決定と交渉行動は重要な人間の行動であり、両者はかなり密接に関連しています。またその性質上、論理的にとらえて考察するだけで十分なものではないことも承知しております。意思決定論や交渉行動に対しても行動学的な研究は幅広く積み上げられてきています。それらの展開の成果として、H・サイモンやD・カーネマンにノーベル経済学賞が授与されました。その影響は大きいものであり、行動経済学が一般化してきました。

しかし、論理的に体系化を進めるにあたって、最初から行動学的な論を取り入

将来へ向けて
「行動経済学理論」の導入も

れることは一般化の道を外してしまう危険があるのではないかと感じます。論理的な思考を無視して「実際に、人はこのように行動している」という知見結果や文化の影響に基づいた考え方などをすべて取り入れることには、問題によっても対象とする事象によっても無理が生じる場合が多いと思うためです。

「理論枠組みを構成するには、まず論理である。その後で個々に応じた組み合わせをする」。

そのような考えの下で、「交渉学原論」の理論的枠組みのいくらかをまとめてみました。原論を構成するには不足な部分や項目が多い、ということは十分に承知しています。紙幅の関係で省かざるをえなかったものでもあります。

ただ、どうしても伝えたいことは、「交渉は学として存立し、ひとつの知的な体系を持っている（discipline）」という想いです。原論が存在するなら、その応用として個々の交渉学が創られていくことになります。そういう観点からも交渉学原論という考え方が根底に存在することが求められるのです。

第4章

交渉学の基礎

「分配型交渉」と「統合型交渉」

第4章では、交渉学の基礎知識を解説します。実際の交渉の現場ではさまざまな立場の人の利害関係が複雑に絡み合うため、交渉成立までのプロセスを困難に思う方が多いかもしれません。しかし、絡み合った関係をていねいにひも解いていくと、どれほどむずかしい案件でも、実は、一つひとつの交渉要素の積み重ねであるという、実にシンプルな構造が見えてくるはずです。

交渉について正確に理解し、適切に対応して結果を出すために、「交渉学の基礎知識」を理解しておきましょう。

「分配型交渉」と「統合型交渉」

交渉には、自分だけがハッピーになろうとする「奪い合い型」と、自分も相手もハッピーになろうとする「問題解決型」の2タイプがあります。前者は「分配型交渉」または「ウィン・ルーズ型交渉」、後者は「統合型交渉」または「ウィン・ウィン型交渉」といいます。

分配型交渉（ウィン・ルーズ型交渉）＝奪い合い（自分のハッピーだけを目指す）

統合型交渉（ウィン・ウィン型交渉）＝問題解決（自分と相手のハッピーを目指す）

分配（奪い合い）型交渉の典型的な例は「値下げ交渉」です。大きさの決まったパイを交渉者同士で奪い合うなどが、これにあたります。

たとえば、売り手と買い手が交渉をする場合、1円安く買うことができれば買い手はハッピーですが、一方の売り手は1円損します。つまり、買い手はウィン・売り手はルーズとなります。

一方、プロ野球の2チームが交渉によって左ピッチャーと右ピッチャーをトレード（交換）したとしたら、これは統合型（問題解決）交渉です。なぜなら、両チームともに不足していた右ピッチャー、または左ピッチャーを交換によって獲得できたことで、よりチームが強くなり、満足度が向上するからです。これは、両チームが力を合わせてお互いの問題を共に解決しようと、「協力」し合った結果でしょう。統合型交渉は、成立することでお互いのパイをより大きく成長させる交渉ともいえるのです。

だれもが家庭や職場で、日々多くの交渉を行っているはずです。私たちの日常は、大小の交渉ごとの積み重ねなのです。たとえば、週末の夫婦での外食計画。

「外食に行こう。でも、夫は肉料理を。妻はパスタが食べたい。さて、どうするのか？」といったささいな悩みも立派な交渉ごとです。

さて、あなたならどう解決しますか？　ウィン・ウィンな交渉ができそうですか？

この「ウィン・ウィン」という言葉は日常的によく見聞きする言葉でしょう。「私とあの人はウィン・ウィンな関係だ」「お互いウィン・ウィンとなるよい交渉ができた」といった具合です。ところが、この「ウィン・ウィン」についてよくある誤解があります。紹介すると――、

ウィン・ウィンの「3つの誤解」

①お互いが譲歩すればウィン・ウィンというわけではない

ウィン・ウィンの一番大事なメリットは、交渉によって「お互いがよりハッピーになる」ことです。つまり、結果としてよいトレードや解決策が「創られる」ことに意義があります。もし、交渉者同士が互いに相手に遠慮するあまり、自分

の要望を押し殺し、相手の主張を受け入れ合ったとしても、損する結果しか生み出さないのであれば、それは「ウィン・ウィン」ではなく、「ルーズ・ルーズ」になってしまいます。

先ほどの夫婦の例で考えてみましょう。夫婦はどこで外食するかを交渉しますが、お互いが遠慮して譲り合った結果、「今日はパスタ、来週は肉料理」となったとしても、満足度の高い結果を得られたことにはなりません。単なる「一勝一敗」です。ウィン・ウィンを目指すには、もっとお互いがハッピーになる新しい解決策を目指すべきなのです。

②お互いが満足してもウィン・ウィンとは限らない

通常、交渉相手の手の内は、終わった後でも知ることはできません。特にビジネス交渉では「実はこういう思惑があって」とか「実はここまで譲歩できた」ということは結局、わからずじまいです。もしかしたら、もっとお互いが満足できる解決策があったかもしれません。

では、どうしたら一度の交渉で最も満足度の高い解決策に到達することができるのでしょうか？　それは、相手の関心事について徹底的に「質問」すること、つまり、深いコミュニケーションをとることです。そこから何らかの糸口が見えてくるはずです。

先ほどの外食先に悩む夫婦の例に戻りましょう。お互いになぜ、パスタと肉が食べたいのか、話し合えばよいのです。

その結果「妻は外食も悪くないが、実は夫と一緒に珍しいパスタを食べたいと思っていた」。夫は「仕事で疲れているので、肉料理でパワーをつけたいが、実は遠出はしたくないと思っていた」。

こうしたお互いの思いがわかれば、「そうか。外食はやめて、たまには夫婦で肉料理とパスタを家でつくってみよう」と、お互いに満足度の高い、新しい結果に落ち着くかもしれません。

③ウィン・ウィンにも奪い合いがある

このようにお話してきますと、ウィン・ウィン型交渉は嘘偽りのない美しい形のように見えてきます。しかし、それだけでは終わりません。もし、交渉者同士が交渉によりパイを大きくすることができたら？　お互いがより満足できる解決策をだすことができたら？――そこから大きくなったパイを切り分ける交渉が新たにはじまるからです。この部分はまさにウィン・ルーズです。まず自分がたくさんの満足を獲得し、そして相手にはちょっぴりの満足をもたらすように交渉します。

さて、例の夫婦は交渉の結果、家でパスタと肉料理をいっしょにつくることになりました。夫と料理ができると妻は喜び、せっせと料理の準備をはじめます。夫は上等のステーキを家でのんびり食べられると喜び、ソファに寝そべってテレビのスイッチを入れます。妻は夫に「早く料理をしよう」と声をかけますが、「夫はちょっと待ってくれ」といいます。ここからは、料理を手伝ってほしいと思っている妻と、できれば楽をしたいと思っている夫の奪い合い交渉のスタートです。

実践ポイント 交渉項目を増やせ

前述の通り「値下げ交渉」は典型的なウィン・ルーズ型です。しかし、値下げ交渉をしている最中に、他の条件を持ち出したらどうなるでしょうか。たとえば「値下げしてくれたら、こちらの商品を定価で買う」。または「値下げしてくれたら、保証はつけなくてよい」といった具合です。

相手が望んでいると思われる条件を交渉の場に加えて、合意に至りやすくするのです。提示する条件が増えれば増えるほど、行き詰まった交渉を打破し、ウィン・ウィンな解決策を得られる可能性が高くなります。

実践ポイント 「ノー」ということを恐れるな

日本人は相手に、「ノー」ということを避けようとします。しかし本来「ノー」があるからこそ交渉がスタートするのです。自分が「受け入れられること」と「受け入れられないこと」を相手にはっきりと伝えることが、ウィン・ウィンな問題解決のための第一歩です。

同時に、交渉相手から「ノー」といわれても、決して感情的にならずに、なぜ「ノー」なのかをじっくり「質問」し、相手の事情を理解するよう努めましょう。きっとよい解決策が見つかるはずです。

価格交渉の基礎構造

価格交渉の基礎構造

分配型交渉（ウィン・ルーズ型交渉）の典型である「価格交渉」について、その構造を科学してみましょう。「科学する」といっても、むずかしいことではありません。価格交渉には「見えている」ものと「見えていない」ものの二重構造があるのです。

通常、価格交渉では、売り手も買い手もそれぞれ3つの価格をもっています。「出発点」「目標点」そして「留保点」です。大切なことは、出発点は交渉の表に出てきますが、留保点と目標点は通常、表に出てこないということです。

出発点＝最初に提示する条件（価格）
目標点＝できればこの価格で合意したいという条件（価格）
留保点＝これ以上は譲歩できないという条件（価格）

出発点の中間での合意は公平か？

あなたは近所の公園で行われているフリーマーケットで、ほしいと思っていた小説が400円で売られているのを見つけました。売り主である女性に、あなたは100円にまけてもらえないかと切り出しました。女性はむずかしい顔をしましたが、しばらくやりとりした後、「では、400円と100円の間をとって、

250円でどうですか？」と提案してきました。あなたはお互いの価格の真ん中なら公平かな、と納得して、250円で買うことにしました。さて、この合意価格は本当に公平なのでしょうか？

「ZOPA」というパイを切り分ける

この女性、実はこの小説を古本屋で150円で買っていました。それを400円で売ろうとしていたのです。彼女は買い値の150円より安くするつもりはありませんでした。一方、あなたは別の古本屋で300円で売っているのを知っていましたから、300円以上払うつもりはありませんでした。

このとき、合意できる価格帯は、女性がぎりぎり譲歩できる150円（女性の留保点）とあなたがぎりぎり譲歩できる300円（あなたの留保点）の間であり、これをZOPAといいます。

交渉ではこのZOPAの間で合意することになります。ZOPA以外の価格では、売り手か買い手、どちらかが譲歩できない価格になってしまうからです。

ＺＯＰＡ＝交渉者同士の留保点の間。交渉はこのＺＯＰＡの間で合意する。
（Zone Of Possible Agreement）

この交渉は、両者の留保点である１５０円と３００円の間の幅１５０円というパイを、女性とあなたが交渉で切り分けているという構造なのです。

さて、この交渉では２５０円で合意しています。女性は、自分の留保点である１５０円より１００円高い金額で売りましたから、満足度は１００円です。あなたは、自分の留保点である３００円より50円安い価格で合意して買

図表１　価格交渉における合意点

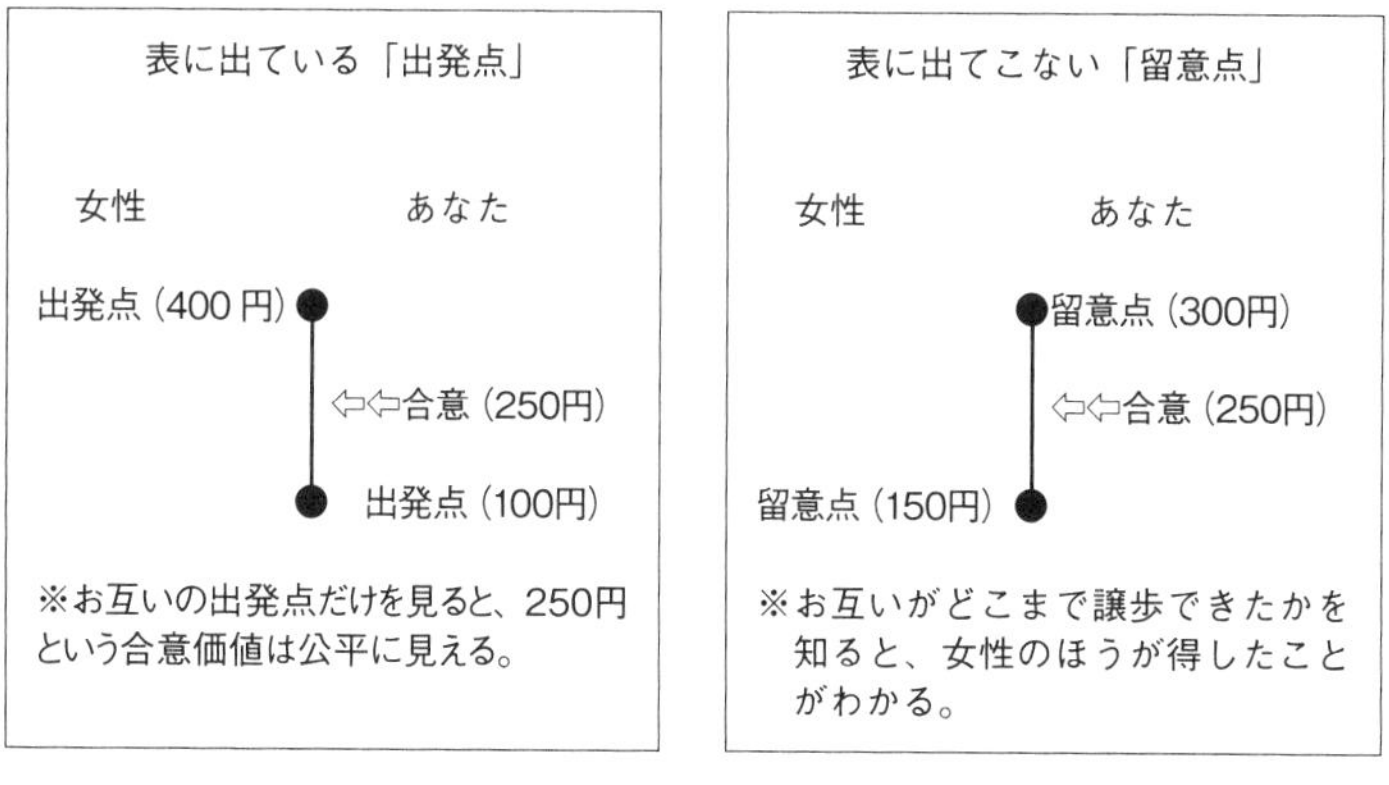

いましたから、満足度は50円です。ふたりの満足度を合計すると、１００円＋50円＝１５０円。これがＺＯＰＡの幅１５０円と一致するわけです。

交渉では、お互いが提示する価格しか表に出てきませんから、最初に提示した出発点の間で合意すると、お互いが同額ずつ譲歩し合った気がして、一見公平に見えます。しかし、「お互いの留保点に対して、お互いがいくら有利に合意できたか」という観点で見てみると、必ずしも公平ではありません。今回の例では、あなたは値下げ交渉に成功して喜んでいますが、実は女性のほうが得しているのです。ただし、女性もあなたもお互いにこのことを知る由はないのですが――。

実践ポイント　相手がちょっとだけ驚く出発点

価格交渉では、お互いの出発点に対する合意点の位置で公平かどうかを決める傾向にあります。ということは、出発点をできるだけこちらに有利に設定するべきです。

日本人は出発点が控えめであるといわれますが、最初から極端にこちらに有利な条件を出すと、相手方が不信感を抱くことになり、交渉決裂になりかねません。出発点は「相手がちょっとだけ驚く程度」にこちらに有利に設定するのがよいでしょう。

実践ポイント　予想される質疑を書き出してみよ

交渉テーブルにつくとき、こちらが提示した条件に対して相手がどのような反応をするか、事前にしっかり想定し、説得力のある回答や説明を用意しておきましょう。それも、できるだけさまざまな質疑応答を具体的に想定することが大切です。

そして、想定外の質問が出てきても、決して焦りを見せないように、どっしりと構えましょう。慌てる姿を見せただけで、交渉の流れががらりと変わってしまうかもしれません。

交渉の武器「BATNA（代替案）」

交渉の武器「BATNA（代替案）」

通常、命がけの交渉でもない限り、決裂しても世の中は何とかなるものです。つまり、合意できなくてもほかの代替案があるのが普通です。その代替案のなかでも最も満足度が高いものを、交渉学ではBATNAと呼びます。ここでは交渉における最強の武器・ＢＡＴＮＡについて考えていきましょう。

ＢＡＴＮＡ＝代替案のなかでも最も満足度が高いもの
（Best Alternative to A Negotiated Agreement）

前回、あなたはフリーマーケットに出かけ、４００円で売られている小説の値下げ交渉をしましたが、事前にその本が古本屋で３００円で売られていることを知っていましたから、３００円以下に下がらないようであれば買うのを止めるでしょう。つまり、あなたにとって「古本屋で３００円を払う」という案が、フリーマーケットでの交渉におけるＢＡＴＮＡなのです。

交渉テーブルを蹴る

ここである転職の事例を考えてみます。あなたは会社からリストラされて、いまは無職の身です。家族を養うためにもとにかく再就職しなければと考え、ようやく採用面接までこぎつけた会社へ向かいました。しかし、そこで面接官から提示された採用条件（給料）は、あまりにも厳しいものでした。さて、あなたはどのような交渉をしますか？　もし、他に就職先の候補、つまり、ＢＡＴＮＡがなければ、泣き落としで何とか給料を上げてもらえるよう懇願するしかありません。

さて、もう一人のあなたは会社に内緒で転職活動をしており、ある大手企業からよい条件で内定をもらうことに成功しました。欲張ったあなたは、別にもう一社、採用面接を受けましたが、あまりよい条件が出てきません。

しかし、あなたはここで強気に出ることができます。「いまの会社よりよい条件でなければ、転職はやめようと思います」。「実はある大手企業から大変よい条件をいただいておりまして」。このように、ＢＡＴＮＡは相手からよい条件を引き出すための最大の武器になります。もし、それでも相手の条件がよくならなければ、あなたは交渉テーブルを蹴るべきなのです。

ＢＡＴＮＡの３つの意義

次に、実践の交渉のなかで、ＢＡＴＮＡをどのように使うべきかを考えてみましょう。3つの重要な意義が浮かび上がってきます。

①BATNAがなければ、合意後に後悔する

交渉に臨むとき、BATNAをはっきりさせていますか? もし、BATNAがあやふやなまま交渉に向かったら、交渉でテーブルを蹴るタイミングがわかりませんから、合意すること自体が目的となってしまうでしょう。そして後から後悔することになります。

②交渉の前に、BATNAを強くせよ

BATNAは交渉相手を譲歩させる最大の武器ですが、交渉テーブルについたが最後、それをよりよいものにすることは、もはやできません。したがって、交渉テーブルにつく前に、徹底的にBATNAを強くする努力をしておくべきです。強力なBATNAをつくること、それが最も重要な交渉準備のひとつです。

③交渉相手のBATNAを見極めよう

BATNAを強くすることが交渉力につながりますが、当然、交渉相手にもB

ＢＡＴＮＡがあるはずです。質疑応答を重ねて相手のＢＡＴＮＡを知ることにより、こちらの出方や戦略を変える必要があります。

対立話法で主導権を握る

ＢＡＴＮＡを強くすることで交渉力が高まりますが、実際の交渉では「いかに主導権を握り、こちらに有利に交渉を展開させるか」という点も重要です。ここでは、交渉において主導権を握るための「対立話法」をご紹介しましょう。

あなたは例のフリーマーケットで、小説を売っている女性からこういわれました。「この小説は人気があって、古本屋でも結構高い値段がついているんですよ」。

さて、あなたはどうしますか？　対立話法に則った場合、あなたはこのように答えます。「どこの古本屋で、いくらの値段がついているのですか？」。すると相手はあなたの質問に具体的に回答しなければならなくなってしまい、あなたが会話の主導権を握ることができるのです。これに対し、相手の主張を一旦認めたうえで、こちらの主張を提示する話法を「応酬話法」といいます。

実践ポイント　恋愛にもBATNAを持つべき？

人生における最も大きな交渉のひとつに恋愛がありますが、ここでもBATNAを用意する「恋愛上手」がいます。たったひとりの異性に恋したら、この恋愛相手に頭があがらないかもしれません。しかし、他の恋人（？）というBATNAを持っていたら、恋愛相手にもっと強気に出られるかもしれません。でも、あなたがその恋愛相手だったとしたら、自分を他人と天秤にかけるような相手を好きになれませんよね。それはビジネス交渉でも同じです。常に他社の条件を引き合いに出し、譲歩を迫るような相手とはいっしょにビジネスをしたいと思いませんん。BATNAという術に溺れることなく、誠実な交渉を重ねて、信頼関係を築くことが最も大切であることを忘れないようにしましょう。

実践ポイント　交渉前に条件項目を交渉せよ

交渉には、複数の条件項目が存在します。たとえば、ビジネス交渉なら、価格・数量・納期などが該当します。それらをどのように順序立てて交渉していくか、スタートの時点で決めるように心がけましょう。最初に順番を決めておけば、取りこぼすことなく各項目の交渉を進められますし、何よりあなたが最初に仕切ることで主導権を握るチャンスが生まれます。

分配型交渉における「交渉戦術」

分配型交渉における「交渉戦術」

分配型交渉における交渉戦術について、その基本形を解説します。交渉戦術はさまざまですが、ここでは特に基本的な5型をご紹介します。

・立場固定戦術＝自分の立場を絶対に変えず、相手に譲歩させる
・譲歩戦術＝上手に譲歩することで、有利な条件で合意する
・善玉悪玉戦術＝こちら側がよい人と悪い人に分かれて演じ、相手の心を揺さぶって合意を誘う
・ショッピングリスト戦術＝複数の交渉項目のうち、本当に重要なものは隠して交渉する
・おまけ戦術＝合意の際に、ちょっとだけこちらに有利な条件を要求する

「立場固定戦術」とは、自分の立場、つまり主張を一切曲げずに、相手からの譲歩を誘うものです。たとえば、「当社は単価1万円を下げることは一切できません」と相手に伝えるわけです。非常に強気な戦術ですから、強いBATNAがあるなど、交渉が決裂しても構わないというときには有効な戦術です。

「譲歩戦術」は、ある程度譲歩を繰り返して合意を探る方法で、多くの交渉において見られる一般的な戦術です。少しでも優位に立つためには、前述のとおり「出発点」をある程度、高くしておく必要があります。

「善玉悪玉戦術」は刑事ドラマでおなじみです。恐い刑事が犯人を脅す一方、優しい刑事が犯人を気づかい、心を揺さぶって自白させる（交渉では合意させる）、という方法です。

「ショッピングリスト戦術」は、複数の交渉項目がある場合、自分にとって重要な項目を隠し、あたかも他の項目が重要なのかのように装って、そこを相手に譲る代わりに、本当に重要だった項目で最終的に有利な条件を得る方法です。

最後の「おまけ戦術」は、多くの人が交渉の最後に少し多めに譲歩する傾向があることを利用したもので、合意する代わりにちょっとしたおまけ（こちらに有利なこと）を要求します。「では、その価格で買いますから、おまけにあの付属品をつけてくれませんか?」といった具合です。

交渉戦術の実践前にやるべきこと

交渉戦術を知ると、さっそく使ってみたくなるのが人情です。しかし、交渉戦術を繰り出す前にやらなければならないことがあります。それは「交渉相手の留保点を探る」ことです。

分配型交渉では自分と交渉相手の留保点の間のどこかで合意するわけですが、自分にとっては相手の留保点で合意するのが最も有利です。ですから、まず徹底的に質問をし、相手の留保点を探ります。そしてそれが見えてきたところで、その留保点で合意するために効果的と思われる交渉戦術を選び、実践します。

交渉戦術を組み合わせる

ここでは交渉戦術の基本5型を、ある家族の交渉例をモデルに考えてみましょう。

あなたと妻の間には小学校3年生になる息子がいます。とてもよい子ですが、机の上は散らかし放題で、宿題もやらずに遊んでばかり。先日学校であった親子面談でも「整理整頓と宿題を家庭でもしっかり見てほしい」と、先生に注意されたばかりです。

ある日曜日のこと、息子の机はいつものように散らかっています。あなたは整理整頓をさせたいと思いますが、素直に聞くとは思えません。そんなとき、息子が、「友だちと遊んでくる！」といって、野球のグローブを持って外へ出ようとしています。すかさず妻が厳しい口調でいいました。「まだ宿題終わってないじゃないの！　宿題が終わるまで遊びに行かせないわよ」

すると、息子は切り返します。「帰ってきたらちゃんとやるよ。何なら2日分やるから！」。いますぐ遊びに行きたい息子は、譲歩案を提示してきました。これが「譲歩戦術」です。一方の妻は、絶対に譲らないという態度を示していますから「立場固定戦術」です。

そこへあなたが現れ、妻と息子にいいます。「まぁまぁ、お母さんもそんなに怒らないで。友だちと野球の約束をしたんだから、行かなきゃならないよなぁ」。あなたの優しい言葉に、息子の心は揺さぶられます。わからず屋のお母さんに比べて、何てよいお父さんなんだ、と。これは「善玉悪玉戦術」です。息子はあなたのいうことを受け入れる準備ができました。

そしてあなたは息子に向かって続けます。

「帰ってきたら、ちゃんと宿題をやるよね?」「もちろん帰ってきたらすぐにやるよ! 2日分ちゃんとやるから!」

そしてあなたはいいます。

「そうか。じゃあ、遊びに行ってきなさい。でもその前に、机の上を見てごらん。ずいぶん散らかっているじゃないか。帰ってきたらまず机の上をきれいにして、それから宿題をやるんだぞ!」

「わかったよ、お父さん! ちゃんと机を片づけてから宿題やるよ」。こうしてあなたは宿題だけでなく、最も気になっていた机の整理整頓までを約束させることができました。まさに「ショッピングリスト戦術」です。

実践ポイント 「交渉しない」という戦術をとる

交渉は必ずしも「いますべき」とは限りません。逆に「いまは交渉しない」という戦術もひとつの手です。では、どのようなときに「交渉しない」という戦術をとるべきでしょうか？　それは時間が経てば、こちらに有利になることがわかっている場合です。

ある企業同士が経営統合の交渉をしているとき、時間が経つにつれて相手方の業績が悪くなることが推測できるのであれば、有利な条件を得るために、あえて今すぐ交渉せずに、相手が慌てて焦り出すまで待ったほうがよいかもしれません。

実践ポイント　譲歩の余裕をもって交渉をはじめよ

交渉で条件を出すとき、ある程度、譲歩できる余裕を持っておかなければ、交渉が行き詰まる場合があります。

ただ、譲歩するときに注意したいのが、譲歩幅を少しずつ小さくするということです。たとえば、買い手に値下げを要求された場合、最初に1000円、次にまた1000円、さらに1000円……と同額の値下げを続けてしまうと、相手に「これ以上の値下げは無理！」というメッセージを送れません。

そこで、最初は大きめに2000円の値下げをし、次に1000円下げ、次は300円、さらに50円……と、下げ幅を徐々に小さくしていくことで、相手はこちらがこれ以上の値下げはできないと感じとってくれるわけです。

「分配型交渉」から「統合型交渉」へ

ただし、そこで相手が合意してくれる価格は、あなたがこの譲歩戦術を実践する前に設定した、相手の「留保点」であるべきなので、注意しましょう。

「分配型交渉」から「統合型交渉」へ

これまでＺＯＰＡ・ＢＡＴＮＡ・交渉戦術といった「分配型交渉」の基礎知識について解説してきました。今回は、さらに高度な「統合型交渉」とはどのようなものか。また、分配型交渉をどうしたら統合型交渉に変えていけるのかについて考えていきます。

まずは統合型交渉のふたつのパターンを理解しましょう。ひとつは「価値交換」、もうひとつは「価値創造」です。

> 統合型交渉（ウィン・ウィン型交渉）の2つのパターン
> ・価値交換＝自分にとって価値の低い条件を相手に譲り、価値の高い条件を得る
> ・価値創造＝まったく新しい解決策を考えて、交渉を不要にしてしまう

「価値交換（トレード・オフ）」をする

ある仲の悪い兄弟の例です。ふたりが１００坪の辺ぴな土地を相続し、ここに引っ越してくることになりました。ふたりはどのようにこの土地を分けるか相談をはじめましたが、なかなか折り合いがつきません。

実はこの土地は五角形のため、平等に分けるのがむずかしいのです。境界線がどちらかに偏ればその分だけ片方の面積が広く、片方が小さくなってしまう、まさにウィン・ルーズな状態です。

そこで兄がいいました。「僕は車を持っているので、多少面積が狭くてもよいから、道路に面している部分が大きい方がうれしい」。

一方の弟は、「僕は子どもが多いから、面積が大きい方がうれしい」。そこでふたりは、道路に面する部分が大きい方の土地の面積を狭く、道路に面する部分が小さい方の土地を広くすることで、お互いに納得することができたのです。

このとき、兄は「面積」という条件を弟に譲り、代わりに「道路」という条件を手に入れました。一方の弟は、「道路」という条件を兄に譲り、代わりに「面積」

という条件を手に入れました。これでふたりは、単純に土地を50坪ずつ半分にすることよりも満足度が高まったわけです。

この交渉は交渉項目を増やすことでお互いがよりハッピーな合意を創り出すことができたので「価値交換」によるウィン・ウィン型交渉の事例です。

「価値創造」をする

この兄弟は無事にお互いが満足できる境界線が引けたことで満足し、久しぶりに兄弟で酒でも飲もうということになりました。そこでふたりが腹を割って話し合っていると、実はふたりの

図表2 「価値交換」によるウィンウィン型交渉

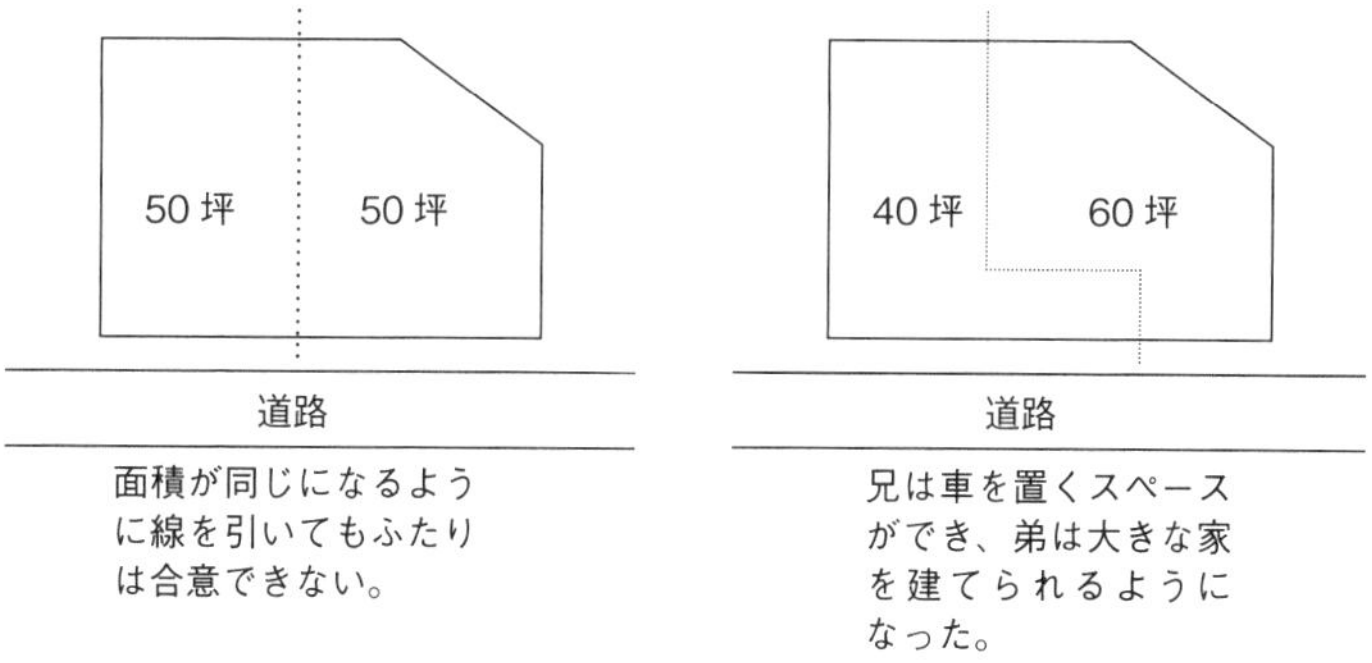

面積が同じになるように線を引いてもふたりは合意できない。

兄は車を置くスペースができ、弟は大きな家を建てられるようになった。

家族はどちらも、こんな辺ぴな場所に引っ越してくることをあまり快く思っていないことがわかりました。

そこで「この土地を共同所有して大きな賃貸マンションを建て、賃料による利益をふたりで半分ずつ分けたらどうだろうか」というアイディアを思いつきました。この解決策に大満足して朝まで飲み明かし、昔の良好な関係を取り戻しました。

このときふたりは土地を分けるという問題を、マンションを建てて賃料を分け合うという、まったく新しい解決策で解消しました。これが「価値創造」です。

ウィン・ウィンの交渉にするために

ウィン・ウィン型交渉は一見簡単そうに見えますが、実際の交渉はウィン・ルーズ型になってしまいがちです。そこでウィン・ルーズをウィン・ウィンにするにはどうしたらよいか、その方法をふたつ考えてみましょう。

①「迷信：パイの大きさは決まっている」の罠に陥らない

人は交渉テーブルにつくと、その交渉を分配型交渉、つまりウィン・ルーズなものだと思い込んでしまう傾向にあります。この傾向を「迷信：パイの大きさは決まっている」といいます。

「奪われまい」「奪ってやる」という具合です。とくに今回の兄弟のように仲が悪ければなおさらでしょう。

ウィン・ウィンな交渉をするためには、まずは「相手から奪い取る」という発想を捨てて、お互いの満足度を高めるために、一緒に解決策を考える雰囲気づくりが大切です。たとえば、最初に「今日はお互いの事情を話し合って、ともに納得できるよいアイディアを出していきましょう」といった提案をするのです。

②交渉相手と「ブレイン・ストーミング」を行う

価値創造をするためには、まず、交渉者同士がお互いに何を望んでいるのか、何ができるのか、そういった情報を積極的に開示し合わなければなりません。そのためには交渉相手とブレイン・ストーミングを行うことが有効です。

これは交渉参加者全員で思いつくままにアイディアを出し合うものですが、出てきたアイディアを決して否定してはいけません。交渉の場では、思い切って相手に「いっしょにブレイン・ストーミングをして、お互いにメリットがあるアイディアを出し合おう」と提案しましょう。

実践ポイント 交渉の満足度を高めよ

交渉の満足度は「結果」と「プロセス」のふたつによって決まります。良い交渉だったと思えるためには、ある程度お互いに苦労し、その苦労を乗り越えることが必要です。

実践ポイント 相手が同意しないときは理由を聞け

交渉相手が立場を変えないとき、またはこちらの提案に同意しないとき、人は感情的に「それならこちらも……」と強硬な姿勢をとりがちです。しかし、ウィン・ウィンな交渉をするためには、ここでぐっとこらえて、なぜ同意しないのか、その理由を聞かなければなりません。率直に理由を聞き、相手の本当の懸念を探ることで、解決の糸口が見つかることがあります。

私的な欲求はカモフラージュせよ

分配型交渉であれ統合型交渉であれ、人はきわめて個人的な欲求を満たすことを目指して交渉します。したがって、双方の欲求を同時に満たすのはむずかしいのが普通です。

夫婦がどこで外食しようかと相談しているとき、夫が「肉料理がいい」というのは個人的な欲求です。理由なんて説明できません。ただあの分厚いステーキにかぶりつきたいだけです。

フリーマーケットで小説を値切るのは、安く買って、余ったお金でジュースでも買いたいという欲求があるからです。だれだって手もとのお金で多くのものを手に入れたいのです。

一方、交渉相手にも欲求があります。「肉料理がいい」という夫に対して、妻が「パスタを食べたい」というのも個人的な欲求です。フリーマーケットで小説を売っている女性は少しでも高く売って、そのお金で新刊を買いたいと思っているかもしれません。

交渉は個人的な欲求同士のぶつかり合いですから、相手に自分の主張の正当性を納得させるのが、むずかしいのです。

そこで、相手を説得するために、個人的な欲求を公のものにすり替える必要があるわけです。妻がいいます。「あなた最近、少し太ってきたわよ。体のためにもあっさりとしたパスタのほうがいいわよ」。

一方の夫もいいます。「僕の体を気遣ってくれてありがとう。でもね、いま、炭水化物ダイエットをしていてね。パスタは炭水化物だから太りやすいらしいんだ。その点、肉料理はタンパク質だから食べても大丈夫なのさ」。

権威を利用する

交渉において、人は自分の主張を相手に受け入れさせるために「錦の御旗」で個人的な欲求を公的なものにすり替えようとしますが、ほかに「権威を利用する」こともよく行われます。

ある会社での出来事です。あなたは経理部の担当者です。14日までに月次決算の資料を作成しなければならないため多少の余裕を見て、営業部に10日までに関係資料を提出するように依頼しました。

しかし、営業部の担当者はいいます。

「10日までに資料を提出するのはむずかしい。何しろ10日までが営業の勝負なんですよ。資料づくりに時間をかけて、売上予算が達成できなくなったら困るでしょう。13日まで余裕をくださいよ」。

営業部は資料をつくるのが面倒なので、売上予算の達成という錦の御旗を掲げてきました。そこであなたは答えます。

「そうですか。困りましたね。10日までに資料を提出していただかないと、14日の社長報告に間に合いませんが、社長には予算達成のために仕方ないと伝えておきます」。営業部の担当者は慌て、せめて12日までに延ばしてもらえないかと譲歩してきました。

ここでは、「売上予算」という営業部の「錦の御旗」に対して、経理部のあなたは「社長」という「権威」を持ち出して相手に譲歩を迫ったわけです。このように権威を持ち出すことは、社内交渉などで特によく見られます。いわば「虎の威を借る狐」です。交渉力は強くなりますが、交渉相手には卑怯な交渉に見られることもあるので、注意が必要です。

第三者を利用する

個人的な欲求を交渉相手に納得させるための方法として、ほかに「第三者を利用する」という手があります。自分ではなく、第三者から主張してもらうことで、個人的な欲求をカモフラージュするわけです。

経理部のあなたは、業績が苦しいこの時期に、社長が毎晩交際費を多額に使っていることを快く思っていません。しかし、それを面と向かって社長を説得する勇気もありません。そこで、毎月の会計事務を依頼している会計事務所の税理士にお願いして「交際費を切り詰めたほうがよい」と、ひと言いってもらうことにしました。

このように、交渉相手に影響力を持つ第三者を介して説得するということもよく見られます。妻が夫の母親にこっそりお願いし、子どもが生まれたのだから、煙草をやめるよう夫にいってもらうのも同じことです。

実践ポイント　厳しい交渉でも人にはやさしく

お互いに自分の主張を繰り返し、相手の矛盾を鋭く突き、激しい応酬を経て、ぎりぎりの時間のなかで合意の光がやっと見えてくるような厳しい交渉が多くあります。しかし、そのような状況のなかでも、人間関係や信頼関係を築く努力を怠ってはいけません。厳しくやり取りしているときほど、交渉の前後や休憩時などはフランクに話をしたり、また人間的なやさしさを見せたりすることも必要です。

実践ポイント 非を咎めない　深追いしない

交渉相手が交渉に関して、嘘をつくなど、何らかの不正をしていたことがわかったとき、非を咎めたり、責め続けたりするようなことは避けるべきです。相手はそれによって屈辱感を味わい、報復に出る可能性があります。逆に間違いや不正、失敗をかばい、フォローすることで相手を味方にするほうが得策となる場合もあります。

ビジネス交渉の場「社内交渉」

ビジネス交渉というと、営業パーソンが取引先と条件交渉をしている姿を思い浮かべるかもしれません。確かにそれは会社にとって対外的に大変重要な交渉です。しかし、ビジネスパーソンが最も多く行っているのはおそらく「社内交渉」です。

ビジネス交渉の場「社内会議」

「社内会議」という名の社内交渉

ある会社での出来事です。社長の鶴の一声で、急遽、3カ月後に創業10周年パーティーを開くことになりました。取引先を招待し、今後の売上増加につなげようというわけです。そこで、パーティーを担当する部署を決めるための会議が開催されました。会場を予約し、出席確認を行い、当日の運営を行うのです。会議の出席者は、総務部長、人事部長、経理部長、営業部長、営業企画部長の5人です。

しかし、どの部長もパーティーを取り仕切るなどという面倒な仕事を担当する気はありません。会議の様子をのぞいてみましょう。

＜会議でのやり取り＞

総務部長が口火を切ります。「今回のパーティーの目的は何でしたっけ?」

人事部長が待っていたかのように答えます。「確か顧客との関係強化ですよね」

すると、慌てたように営業部長が反論します。

「営業部は出席される取引先の対応がありますから、仕切り役は無理ですね」

経理部長がいいます。

「では、営業企画さんで担当されてはどうですか?」と、
営業企画部長も負けていません。

「私たちはパーティ前後での営業施策を検討しますので、運営はむずかしいですね」

営業部長も営業企画部長に助け舟を出します。

「こういった業務は、やはり総務部が一番強いのではないでしょうか?」


部長たちは日々の業務に忙しいので、余計な仕事を引き受けたくありません。同時に、彼らは後ろに大勢の部員を抱えています。この業務を引き受けて部に戻れば、今度は自分の部下たちにその業務を担当することを納得させるための交渉をしなければならなくなります(図表3)。

社内交渉で起こる罠

社内会議も「交渉」である以上、やはりウィン・ルーズ型にもなれば、ウィ

ン・ウィン型にもなります。先ほどの10周年パーティーの交渉はウィン・ルーズ型です。業務の押し付け合いであり、パイの取り合いでしかありません。

ところが、部長たちがこのパーティーを通して会社を一層発展させることができるかもしれないと考えたら会議も変わります。各部署からマネジャーを出し合って組織横断のプロジェクトをつくり、彼らにパーティーの成功体験をさせ、同時に組織中間層の結束強化につなげよう、となるかもしれません。

しかしそうならないのは、社内会議が「ウィン・ルーズ型」から「ウィン・ウィン型」に移行できないためです。ここでは社内会議が新しい解決策を生み出すウィン・ウィ

図表3　ウィン・ルーズ型の社内会議

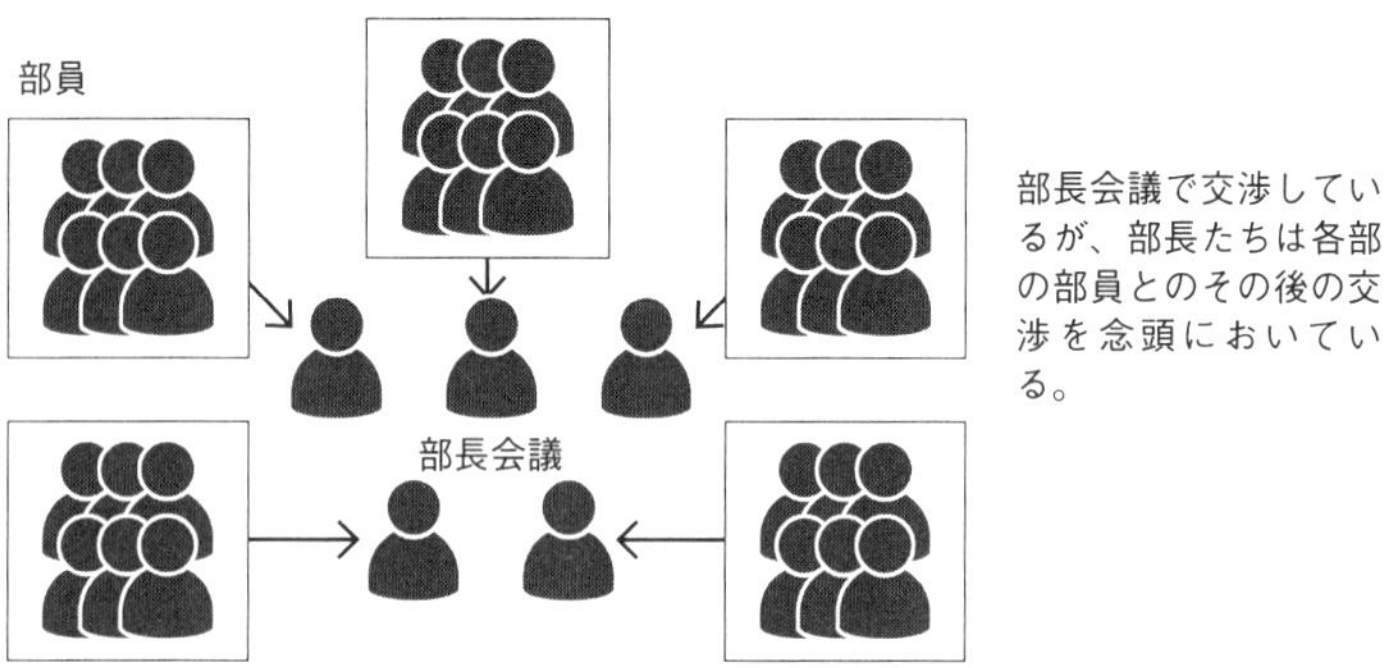

部長会議で交渉しているが、部長たちは各部の部員とのその後の交渉を念頭においている。

ン型にならない「組織的な罠」について解説します。あなたの社内会議がこの状況に陥っていたら、一度会議を中断してブレイン・ストーミングをするなど、罠から抜け出す努力をしてみてください。

①グループ・シンク

社内会議でこんなふうに感じたことはありませんか？「何だか、みんなこの方向性でよいと思っているようだけれど、私は何かおかしい気がするな。でもこれでよいのだったら、いまさら何もいうべきではなさそうだ」。

こう感じたとしたら、その会議はグループ・シンクに陥っており、新しい創造的な解決策を考えることができていない状態にあるかもしれません。

②リスキー・シフト

社内会議で意思決定をするとき、個人では到底しないような極端に危険な意思決定をしてしまうことがあります。たとえば、競合他社が値下げをしてきたことに対して焦り、自社も赤字覚悟の値下げ合戦に参加してしまうなどです。

心理的な罠「認知バイアス」

実践ポイント　チーム交渉では役割分担を

交渉は必ずしも1対1とは限りません。特に企業間交渉の場合、各社が担当者を数名出席させることがあります。このとき、事前に各出席者が役割分担をしておくべきです。たとえば、交渉をリードする人、書記、関係資料をチェックし、計算する人、といった具合です。

実践ポイント　行き詰まりは戦略のひとつと認識せよ

多くの交渉では、そのプロセスにおいて行き詰まることがあります。お互い「これでは合意は無理だ」と感じる瞬間です。このとき日本人はこの行き詰まりを打破する忍耐力がないといわれます。西洋人はこの行き詰まりを肯定的にとらえ、そこからお互いの妥協点を探り出そうとするといわれます。

心理的な罠「認知バイアス」

人間は合理的なようで、実は日常の行動はあまり合理的ではありません。人はスーパーマーケットで、「残り10個。本日まで」と書かれた特売品をつい買ってしまいますが、もしかしたら、ただの売れ残りかもしれません。

このように合理的な判断ができない、いわば罠に陥っている状態を認知バイアスといいます。認知バイアスには、さまざまなものがありますが、交渉においてよく見られるのは、次の４つです。

・アンカリング——相手からの最初の提示条件を中心に交渉してしまう傾向
・行動のエスカレーション——最初の方針にしがみついて途中で止められない状態
・社会的証明——他人が正しいと考えていることを参考に判断してしまうこと
・希少性——残り少ないことで価値あるものと感じてしまう傾向

ほかにもすでに解説した「迷信——パイの大きさは決まっている」も認知バイアスのひとつです。

これらは人間が正常ゆえに陥ってしまうものです。認知バイアスに陥らないようにすることよりも、その存在を理解し、交渉の過程で自分自身がバイアスに陥っていないかを常にチェックし、軌道修正を図ることのほうが大切です。また一方で、ときには交渉相手にあえて認知バイアスをしかけていくことも必要かもしれません。

アンカリング

あなたはそろそろパソコンを買い替えようと思っています。気に入ったノートパソコンがあるのですが、値段がわからなかったため、とりあえず近所の量販店に行ってみました。

そこでお目当てのノートパソコンを見つけ、表示されている値段を見ると、なんと10万円でした。そこであなたは店員に価格交渉をしてみました。「このノートパソコンがほしいのですが、どうでしょう。8万円ぐらいになりませんか？」

さて、ここで仮に、このノートパソコンが5万円だったとしたら、あなたは店員に「4万円に値下げしてくれませんか？」と尋ねるかもしれませんが、決して「8万円にしてくれませんか？」、とはいわないでしょう。

つまり、人間は交渉相手から最初に条件を提示されると、そこからどれだけ値下げできるか？　と、つい最初の条件を基準に考えてしまうのです。これがアンカリングです。交渉では、相手にアンカリングの効果を与えるべく、先にこちらに有利な条件を提示するべきというわけです。

行動のエスカレーション

あなたはある会社の企画担当者で、最近業績が苦しいある競合企業を買収するために交渉を続けています。かれこれ3カ月もの間、だれにも知られないように夜中まで相手企業を調べ、水面下でハードな交渉を続けてきました。そしてやっと合意条件が見えてきたところで、突然、相手企業から「今期は大幅な赤字になりそうだ」という悪いニュースを聞きます。

「こんな赤字を出す企業を買収するのは危険だ」という意見もありますが、この機会を逃せば、きっとこのような大型の買収案件はもう出てきそうにありません。何よりあなたは、これまでの努力の成果を出したいと強く思いました。結局、この企業を買収すべきという結論を経営陣に説明することにしました。

大幅な赤字という事態にも関わらず「ここまで交渉してきたのだから、いまさらやめられない」と感じて買収を強行すること。これこそが行動のエスカレーションです。冷静に考えれば交渉を止めるべきなのに、止められなくなっているのです。

もしかしたら相手企業は、あなたが行動のエスカレーションに陥るのを見計らって悪い情報を出してきたのかもしれません。

社会的証明と希少性

妻といっしょに家具屋さんへソファを買いに行きました。あなたは黒い革のゆったりとしたソファを気に入りましたが、妻は白くて硬めのローソファに目をつけました。あなたはいいました。「この黒いソファの張り紙に人気ナンバーワンって書いてあるな。やっぱりこれがいいんじゃないか?」。

しかし、妻も負けてはいません。「でも、このローソファには残り1個って書いてあるわよ。このチャンスを逃したらもう買えないわ」。

さて、ふたりはどちらのソファを選ぶのでしょうか?

この会話から、社会的証明と希少性のバイアスが見て取れます。あなたが「人気ナンバーワン」という言葉からよいソファだと感じたのは、まさに社会的証明の罠ですし、妻が「残り1個」という言葉からこのチャンスを逃せないと感じたのは希少性の罠です。お店との交渉という観点からは、ふたりともお店の罠にはまっているだけなのかもしれません。

実践ポイント　デッドラインテクニックを使う

デッドライン、つまり最終回答の期限を区切って提案する方法がデッドラインテクニックです。たとえば、「いついつまでにお返事をいただけなければ別のお取引先に決めさせていただきます」などです。

これも「時間」が残り少ないという希少性の罠のひとつです。相手に提案するときには、期限を設けて希少性の罠に陥れるのもひとつの戦術です。

実践ポイント　相手の動作・表情をよく観察せよ

「目は口ほどにものをいう」という言葉もあるとおり、動作や表情から相手の真意を読み取ることができます。交渉では手もとの資料ばかりを見ずに、相手の目や動作をしっかりと観察するように注意しましょう。

逃げるという「弱者の交渉術」

逃げるという「弱者の交渉術」

交渉者同士は常に対等な関係にあるとは限りません。むしろ交渉者の一方が弱い立場にあることの方が普通です。とくに商品売買の交渉では、よほど希少な商品でない限り、買い手の交渉力が強くなります。

では、こちらの交渉力が弱い場合、強い相手とはどのように交渉をすればよいのでしょうか？　弱者の交渉術である「泣きの戦術」と「第三者の介入」をご紹介します。また、交渉力のある相手がこちらに対して強硬戦術をとってきたときの対処方法についても説明します。

泣きの戦術

弱者があたかも交渉力があるように装って強気に出ても、相手に見すかされれば、逆に足もとを見られるだけです。またそれが裏目に出て、相手に交渉テーブルを蹴られてしまうと元も子もありません。

そこで自らの痛みを訴えて、相手に譲歩を迫るという「泣きの戦術」がひとつの手としてあげられます。「自分には交渉力がない。しかし、この交渉でこれだけの成果を得られなければ大変なことになる。何とかしてもらえないか?」という、いわば泣き落としです。この戦術を使われた相手は、「死なばもろとも」のような態度に一種の脅しのようなものを感じます。その意味で、泣きの戦術は立場固定戦術と同様、強硬な戦術のひとつともいえます。

第三者の介入

弱者も、第三者を交渉テーブルに加えることで自らの立場を強くできることがあります。テーブルに加えるといっても、実際の場に第三者を座らせるという意味ではありません。

たとえば、ほかの弱者をこちらの味方に加えて、弱者連合をつくるという手があります。ひとりでは弱者でも、強者に対して敵対心を持つ複数の弱者が集まれば、強者に対抗できる交渉力を持つ可能性があるのです。業界によっては、実際に弱者が経営統合を繰り返した結果、強者に迫る勢いを持ちはじめた企業グループもあります。

また、交渉テーブルに別の強者を加えるという手もあります。1対1では弱者であっても、複数の強者がひとりの弱者を奪い合う関係になれば、弱者にも交渉力が生まれます。

最後に、弱者が自身を代弁してくれる第三者を利用することも考えられます。弱者は強者と対等な交渉ができませんから、質問が遠慮がちになったり、あまりに不利な条件提示でも承諾せざるを得なくなったりします。しかし、弱者が第三者を交渉代理人として盾に使えば、この第三者を通じてより自身に有利な条件を引き出すことができるかもしれません。

強硬戦術への対応

交渉相手がその優位な立場を利用して強硬戦術を使ってくることがあります。強硬戦術には、さまざまなものがあります。前述の立場固定戦術はその典型です。ほかにも脅迫的な言葉を使ったり、自分の主張をゴリ押しするような攻撃的な態度をとったりすることもあります。このような強硬戦術への対処法には、次のような方法があります。

① 強硬戦術でやり返す

交渉相手が強硬戦術に出たときに、こちらも感情的に強硬戦術で返してしまうことが多いでしょう。しかし、それでは交渉は決裂に向かうだけです。攻撃に攻撃で返すのではなく、冷静かつ慎重に対応することで、強硬戦術を見直すよう、相手に暗にうながすことができるかもしれません。

② 強硬戦術を無視する

交渉相手は、強硬戦術によりこちらが譲歩することを期待しているわけですから、逆にこちらが反応を示さなければよいわけです。具体的には、相手が強硬な態度に出たときに、まったく聞いていないふりをするのです。「いまの話を聞いていなかったのか？　動揺も反応もないのはどういうことだ？」と、相手は戸惑うでしょう。その結果、相手はこちらに対する強硬戦術を見直そうとするかもしれません。

③ 強硬戦術の前に相手を抱き込む

より現実的な方法として、相手が強硬戦術を実践してくる前に、先に人間関係をつくって懐柔してしまい、相手が強く出にくい雰囲気をつくり出す方法があります。相手の様子を見ながら、交渉をストップしたうえ、いっしょに食事に行くなど、良好な関係の構築に努め、強硬な態度に出てくるのを未然に防ぐのです。

実践ポイント　弱者の強みを見つけよ

弱者と強者の交渉において、弱者はなかなか強気に出られませんが、そもそも強者が弱者と交渉するということは、弱者の持つ何かがほしいという思いがあるからです。

たとえば、業績好調な優良企業が、業績不振の企業を救済合併する場合でも、前者は後者の持つ強み（特許など）を他社に奪われたら困るという意図があるかもしれません。弱者は自分の持つ強みを見つけ、交渉上の武器にすることが大切です。

実践ポイント　根回しが交渉の成否を決める!?

日本の場合、公式な交渉の場よりも、非公式な事前の根回しが交渉の成否に直接つながることがあります。この場合、公式な交渉は形骸化することがあります。

「交渉合意」をイメージする

「交渉合意」をイメージする

多くの交渉において、交渉時間全体の90%が経過しても、成立に達するのはわずか10%にすぎず、残り時間10%でやっと90%が妥結するともいわれます。それほど合意までの道のりは険しく遠いのです。今回は、交渉における合意をテーマに考えてみましょう。とくに、合意がむずかしいビジネス交渉における組織間の交渉を例に取り上げます。

どの交渉項目から交渉するか?

ビジネス交渉には通常、複数の条件項目があります。取引対象の商品の価格・

数量・納期・保証条件などがそれにあたります。それでは、どの項目から交渉していくのがよいのでしょうか？　簡単に合意できる項目からはじめるのを好む人もいれば、逆に合意がむずかしい項目から交渉していくのを好む人もいるでしょう。

簡単に合意できる項目から交渉することで、相手との合意体験ができてきますから、その後のむずかしい項目でも合意しやすくなるというメリットはあり得ます。逆に、むずかしい項目を先に合意してしまえば、あとは簡単な項目だけですむのでよい、という考えもあるかもしれません。

しかし、ウィン・ウィン型交渉をするためという観点からは、複数の項目をひとつずつクリアしていくのではなく、複数の項目をパッケージにして同時に合意する方がお互いの満足度が高まると考えられます。

交渉項目を一つずつ合意していく場合、おのおのがウィン・ルーズ型になりやすくなります。なぜなら、項目がひとつしかないため、価値交換ができないからです。つまり、ウィン・ルーズ型交渉を複数回行っているのと同じことになり、交渉の後半になると、お互い何勝何敗かを計算しはじめ、最後の条件では感情的に合意がむずかしくなりがちです。

一方、複数の項目をパッケージにして交渉する方法があります。たとえば、売り手が「単価100万円・数量100個・納期2カ月、もしくは単価105万円・数量80個・納期3カ月のいずれかが可能ですが、どちらが望ましいですか？」と提案します。

これに対して、買い手が「単価は多少高くても構わないから、納期をもう少し早くできませんか？」と聞きます。すると売り手は、「では、単価110万円・数量80個でしたら、納期1カ月で対応できますが、どうでしょう？」というように、お互いの重要な項目と譲歩できる項目とがわかるので、価値交換をしながら、お互いの満足度を高めることができるのです。

合意しやすくする

難航しそうな交渉では、交渉全体のプロセスを合意しやすい形で設定していくことも必要です。たとえば、業界初の大きな取引を交渉するような場合、最初の段階で、交渉者同士が合意したときに発表する外部向け資料の草案を一緒に作成してみるのです。これで「ゴールへのイメージ」をお互いに共有できるため、実際の交渉で合意しやすくなります。

また、交渉の最終段階では、相手に「小さな花」を持たせることも、合意に達しやすくするためのひとつの方法です。

たとえば、最後の条件ではこちらが譲ってあげる、または小さなおまけを与えて顔を立ててあげるなどです。人は多少でも有利になったときに決断しやすくなります。またこのような花を持たせることで、交渉担当者も、組織の最終意思決定者（上司など）の了解を得やすくなるかもしれません。

さらに、交渉プロセスには、最終意思決定者も早い段階から参加させるべきです。人はだれでも、交渉ごとに「ひとこと」意見をいいたくなるものです。最後の合意段階でそれまでの先方との議論をひっくり返されたくなければ、早いうちに「ひとこと」いってもらうのが無難です。

合意後の追加交渉をする

交渉がやっと合意に至ったとき、そこまでのプロセスが険しかったり、長時間を要したりした場合ほど、交渉者はお互いの努力と忍耐を称え合い、最高の盛り上がりのなか、固い握手をして交渉テーブルを離れてしまいます。

しかしまだ、お互いに刈り取れる「小さな満足」が残っている可能性がありま す。本当にお互いにとっての満足度を100％まで高めたいのであれば、合意に至ったところで、もうひとふんばり交渉を続けてみましょう。

たとえば、「ここの条件ですが私はこうしてもらえると、もっと助かるのですがどうでしょう？」「なるほど。私はこちらの条件をこうしていただけるのであればお受けできますよ」といった具合です。

すでに合意した条件がありますから、そこから先は合意できなくてもダメもとです。ちょっとした微調整で、さらなる満足度アップが望めるかもしれません。

実践ポイント　その交換条件は対等か？

人は、とても対等とはいえない交換条件に合意してしまうことがあります。たとえば、「自分の部屋をつくってくれたらちゃんと勉強するよ」という子どものお願いに合意してしまったら最後です。

新しい部屋で子どもが漫画ばかり読んでいるからといって、部屋を元に戻すことなどできません。子どもに部屋を与える前に「部屋で勉強しなかったら、漫画を全部古本屋に売る」という条件を、事前に子どもと合意しておくべきです。

実践ポイント　相手に努力をさせよ

学歴や会社のポジションなど、努力して手に入れたものに人は価値を感じます。交渉も同じで、相手にちょっとした苦労をさせることで、その交渉や合意内容を価値ある大事なものとして受け入れさせることができます。プロポーズも、少し焦らして、苦労させてから受けるくらいのほうがよいかもしれませんね。

交渉倫理を考える

交渉に関する基礎知識が理解できたところで、交渉の倫理について考えてみましょう。ここでの目標は「交渉のなかで嘘は許されるのか？」という問いに対する、自分なりの回答を考えることです。

そこでまず、ある女性（K子）のフリーマーケットでの交渉における行動と心の動きをお読みください。

Ｋ子はフリーマーケットで毎年お店を出すのが趣味でした。昨年は古着を、一昨年は手作りクッキーを売りました。毎年少しずつ顔なじみのお客さんができて、声をかけてもらえるのも楽しみのひとつです。大した利益は出ませんが、赤字にだけはならないように気をつけています。

今年はたまった古本を売ることにしました。単行本の小説が多いので、古本屋ではせいぜい１冊50円程度でしか売れなくても、フリーマーケットであれば多少高い値段で売れそうです。ただ、フリーマーケットでは値下げ交渉がつきものですから、Ｋ子はどの本も古本屋の相場より少し高めの価格をつけておくことにしました。

フリーマーケットも終了時刻が近づき、今年も何とかほとんどの商品が売れ、残すところ少しとなったとき、見知らぬ男性が近づいてきていいました。

「この小説が４００円とは随分高いですね。１００円ぐらいにまけてもらえませんか？　すぐに買いますよ」。

Ｋ子はこの小説を古本屋で１５０円で買ったので、１００円という金額は妥当かもしれないと思いつつ、こう切り返しました。

「その小説はすごく人気があるので、古本屋でもまだあまり売っていないんです。だから400円は相場ですよ」。

この小説はヒット作だったので、古本屋でもたくさん売られていることを知っていましたが、相手が初対面だったこともあり、少しはったりをかましてみたのです。

男性はいいました。

「そうですか。おかしいな……うちの近所の古本屋さんでは確か200円ぐらいだった気がするけど……」。

K子は少し焦りながらいいました。「きっとその本は状態が悪かったのではないですか？ これは私しか読んでいませんから新品同様ですよ」。

男性は「なるほど！」と素敵な笑顔を浮かべ、その小説をぱらぱらとめくりはじめました。K子は、「まずいっ、裏表紙に私が買った古本屋の値札シールが貼ったままになっている！」。

男性が小説をひっくり返そうとしたとき、うわずった声でいいました。

「では400円と100円の間をとって、250円でどうですか？」。男性は笑顔で、「なるほど。では、250円で買いましょう」。

K子はすぐにその小説を男性から受け取り、紙袋に入れました。と、そこへ若い女性が現れました。K子の親友です。

「あら、今年は古本を売っているのね。私も1冊買っていこうかしら」。すると、小説の入った袋を受け取りながら男性がいいました。

「あれっ。お前も来ていたのか!?」

「あっ、お兄ちゃん」。

嘘は許されるのか？　許容範囲は？

K子の会話には、少なからずの嘘が含まれています。K子はその小説が古本屋でたくさん売られていることを知りながら、400円という価格の妥当性を主張しようとしました。また、古本屋で買った小説なのに、自分しか読んでいないと嘘をつきました。はたしてこのような嘘は許されるのでしょうか？

人は日常生活でも、またビジネスでも、嘘の扱い方に迷うときがあります。ここで、嘘についての考えられる意見を並べてみましょう。

a 嘘は常に許されない

嘘はいつか必ずばれるものなので、絶対にやめた方がよいという意見。

b ばれない嘘なら、ある程度はかまわない

後からばれる嘘はその後の関係悪化につながるのでよくないが、ばれないならある程度の嘘をつくのは当然だ、という意見。

c 悪意のある嘘はだめだが、親切心の嘘なら許される

人をだまして自分が得をしようという嘘はだめだが、親切心からのものであれば「嘘も方便」で許されるという意見。

d プロが素人をだます嘘はだめだが、プロ同士なら多少はいい

たとえば「不動産の営業担当者が高齢者をだまして高額な不動産を購入させる」など、プロが素人をだますのは許されない。しかし、不動産会社の担当者同士の取引であれば、法に触れない程度なら、プロ同士のだまし合いは許されるという意見。

e 成果のためなら基本的に嘘は許される
自分の成果のためなら手段は選ばないという、aとは正反対の意見。

これら以外にも、嘘についての考え方は人それぞれです。また同じ人であっても、時と場合によって、aからeのどの意見にしたがうか、考え方を変えることがあるかもしれません。交渉における嘘を含めた倫理的な問題には、必ず正解があるものではないので、各自がしっかりとした信念を持つことが大切です。

実践ポイント 相手との長期的な関係を考えよ

嘘をつくなど非倫理的な交渉手段を使えば、短期的な利益や目標を達成することはできるかもしれません。しかし、同時に、そのような交渉をしていたことを他人が知ったら、自分の評判はどうなるか？　またその交渉の後、あなたと相手との長期的な信頼関係はどうなるか？　ということを、自分の胸に手を当てて考えてみてください。

実践ポイント 意識的に流された情報には注意せよ

人は自ら得た情報を信用する傾向があります。それを利用して、あなたにある情報が届くよう、意識的に情報操作をする交渉相手もいます。思わぬ情報があまりにも簡単に手に入ったときは、裏に良くない意図を含んだ情報と疑った方がよいかもしれません。

3つの「問い」

最後に、これまでの議論のまとめとして、3つの問いについて考えてみましょう。

①どこからが交渉なのか?

家庭でも学校でも職場でも、人は日々、さまざまなコミュニケーションをとっています。そのためコミュニケーションと交渉の境界線は常にあいまいになりがちです。したがって、交渉の定義を「交渉テーブルで条件交渉をしているとき」のみに狭くとらえるのは、あまり現実的ではありません。

テーブルにつくまでにどれだけ準備をし、または第三者に根回ししておくかが交渉の成否の鍵を握りますから、テーブルの外にも交渉は存在します。

交渉を広くとらえれば、日々の何気ないコミュニケーションもすべて交渉なのです。奥さんに「今日の夕飯はステーキにしないか？」のひとことも立派な交渉です。交渉学の知識は交渉テーブルだけでなく、日常生活のさまざまなコミュニケーションの場面でも活用できるのです。

② 交渉相手はだれなのか？

人は、だれが交渉相手なのかを見誤ることがあります。たとえば、社内会議をしているとき、会議に出席しているほかの部長が交渉相手だと思ってしまいますが、本当の相手は議題となっている取引先や競合他社です。

もし交渉相手が取引先だと気がつけば、社内会議という交渉の場は「私 VS ほかの部長」ではなく「われわれ部長 VS 取引先」という構造に変わります。「われわれ VS 取引先」という構造になることができれば、同じ利害をもつ仲間ですから、より創造的な解決策が生まれるはずです。

③ 交渉で何を得たいのか？

人は交渉で何を得ようとしているのでしょうか。目先の有利な条件をクリアすることだけに気を取られると、分配型交渉に陥りやすくなります。たとえば、取引銀行と融資条件について交渉しているとき、あなたが「大きな資金を低いレートで借りる」ことだけを交渉の目的だと考えてしまうと分配型交渉になります。

しかし、「自社の成長のために銀行の持つ経営資源を使わせてもらう」というように視野を広くとらえていれば、膨大な数の貸付先企業や担当者自身の財務コンサルティング能力は魅力的な取引条件になるはずです。

実践ポイント　結果を反省しなければ成長はない

結果を反省しなければ、成長はあり得ません。それは何事にも当てはまりますが、特に交渉の場合は反省することがむずかしいものです。なぜなら交渉で合意した後も、相手の本当の手の内はわからないままだからです。

果たしてお互いの満足度は１００％だったのか、もっと自分に有利になるような交渉の進め方があったのではないか、反省しようにもその材料がないわけです。

「合意できた・できなかった」という結果に一喜一憂することなく、自分の交渉プロセスを冷静に見つめ直し、次の交渉に備えることが、よりよい交渉者になるために必要不可欠です。

第5章

交渉の段階と実践
「交渉進化モデル」

交渉に正解はない

交渉を学ぶときに重要な点は、「交渉に正解はない」ということです。中国の有名な古典『老子』の第1章は、こうはじまります。

「道可道　非常道」（道の道とすべきは常の道にあらず）。

交渉には、まさにこの言葉が当てはまります。

つまり、交渉には「こうすればこうなる」といった成功の方程式や正解というものはありません。状況や文脈によって対応法や解は、常に変化します。そのとき、そのときの局面において自身の経験や知識など叡智を結集し、最適解を自らの手で見出し意思決定していくことが求められます。

いわば交渉は静的なものではなく動的なものであり、自分ひとりで進められるものではなく必ず相手があり、双方向で進める性質のものです。ですから、事前に入念な計画を立てれば成功するといった単純なものではありません。常に先は予測不可能であり、時に大きな脅威や危機に遭遇したり、逆に思いもよらぬ機会や好機を引き寄せたりするものです。

『The Art of Negotiation』の著者マイケル・ウィラーはこの点について、規模の大小にかかわらず、あらゆる交渉は流動的で予測不可能な環境で行われる「カオス」であるとし、不確実性に対処することを交渉戦略の中核にすえる重要性を説いています。

また、『GETTING MORE』の著者スチュアート・ダイアモンドも交渉における12の主要戦略におけるひとつとして「状況は毎回、異なる」ことを挙げ、交渉には万能ツールというものはないと述べています。

つまり、常に交渉に正解はない、最適解はその状況、状況において自らが見出すしかないという前提に立ち、交渉学を学び実践に望むことが重要です。

本書の特別寄稿者のひとりでもあり『交渉のメソッド』の著者アラン・ランプルゥは交渉論の確信として、次の3つを挙げています。

①交渉は個人の生活と社会生活に絶対必要な要素であること
②交渉スキルの習得が、個人の安寧と社会の調和のための鍵となること
③生まれながらのネゴシエーターでなくても、学べばだれでも上達できること

特に③については、優れた交渉力は天から与えられたものではなく培うものであり、交渉学の知見を自分自身の交渉手法を形成するために活用することの重要

性を説いています。

つまり、正解を知るために学ぶのではなく、最適解を見出す力を養うために交渉学を学ぶ、自分なりに効果的な交渉スタイルについて考え、自身の交渉の成功確率を高めるために交渉学を学ぶ必要があるということなのです。

交渉の対象は、あくまでも人

交渉について持つイメージは、人によってさまざまでしょう。相手を出し抜いて自分が勝つことが交渉と考える人がいる一方で、お互いに満足のいくウィン・ウィンの関係を構築することが交渉と考える人もいます。交渉の当事者を「人と人」と、とらえている場合もあれば、意思決定をするときに、自分自身との葛藤を自分との交渉ととらえる人もいます。また、登山や航海における現象を自然との交渉と呼ぶ人もいます。まずここでは、交渉を学問として学び実践で活用していくために、定義づけや類型を明確にして、共通認識を構築する必要があります。本章ではそれらを明確化して、交渉を学ぶ上での共通の認識を構築することを目的にしたいと思います。

ここでは交渉の定義を次のように決めます。

交渉とは、「自らの目的達成、問題解決、何らかのニーズを満たすために他者と話し合う一連のプロセスのこと」とします。対象はあくまで人であり、自分自身との葛藤は交渉ではなく、意思決定の範疇《はんちゅう》と考えます。ここを起点として交渉についてより深く考えていくと、交渉はレベル1～レベル3まで3つのタイプに分類することができます。

ゼロサム領域としてレベル1の奪い合い型の交渉（分配型）、ノンゼロサム（プラスサム）領域としてレベル2の価値交換型の交渉（統合型）、レベル3の価値創造型の交渉（統合型）の3つです。

レベル1の奪い合い型の交渉とは限られた一定のパイを奪い合う、勝つか負けるかのパラダイムの交渉です。

焦点は自分自身の利益拡大のみに当てられ、力によるコントロール、情報の操作、脅しや恫喝、権謀術数などが威力を発揮する交渉になります。レベル2の価値交換型の交渉とは、焦点は自分と相手の双方の利益に当てられ、対立項目のみに固執せず双方の利益拡大のために交渉項目を拡げて考え、お互いのニーズの違い、重要度の違いなどの差をうまく活用し、双方にとって有益な交換を実現する

レベル１「奪い合い型の交渉」

ことで合意を形成する交渉です。

レベル３の価値創造型の交渉は、焦点は共通の目的・目標の実現に当てられ、共通目的・目標を軸にして、双方の立場の違いを乗り越え、お互いの資源を持ち寄り協働し、新たな解決策を生み出す交渉です。価値交換の領域に留まらず、両者が一体となって共通目的・目標の実現、問題解決のために解決策を創出するのが、その特徴になります。

交渉者としては交渉のレベルをより高める。つまり、次元の低いレベル１の奪い合い型の交渉から抜け出し、レベル２の価値交換型の交渉（統合型）、レベル３の価値創造型の交渉（統合型）といった次元の高い交渉へ向かう必要があります。そのためには相互の信頼関係と協働意欲を高める必要があります。次元の高い交渉を目指す理由としては、次元の低い交渉は、短期的な利益を一方にもたらすことはあっても、中長期的な利益をもたらすことがむずかしいからです。

交渉者双方が満足できる結果を生み出せない限り、その関係はやがて破綻することになります。交渉の類型と段階を交渉進化モデル（１９６、１９７ページの図表４）として示し、各類型と段階について説明したいと思います。

交渉という用語に日本人は、「自分が利益を得るために相手から奪う、うまく相手をいいくるめる、舌先三寸で話をまとめる」といったイメージをもっています。こうした交渉はレベル1の交渉に分類されます。

レベル1の奪い合い型の交渉とは、限られた一定のパイを奪い合う、勝つか負けるかのパラダイムの交渉です。力によるコントロール、情報の操作、脅しや恫喝、権謀術数などが威力を発揮する領域になります。

この領域の世界観は性悪説、人間不信の哲学が支配的であり、焦点は自己（Self/Ego）にあてられ、交渉相手は自己利益の最大化のための利用対象と位置づけられます。相手をいかに出し抜くか、相手の心理をつかみ急所をつき、いかに自分が勝つかといった考えが中心になります。

東洋思想では韓非子、孫子、三十六計、鬼谷子の世界観が当てはまります。韓非子の一節に「人主の患は、人を信ずるにあり。人を信ずれば即ち人に制される」（備内篇）とあります。これは君主が臣下を信じることが、そもそもの誤りであることを説いています。臣下を信じることが逆に、相手に支配されることにつながるというのです。まさに相手を信用したら負けとするレベル1の奪い合い型の交渉において中心となる考え方といえます。孫子の一節にはこうあります。

項目 ＼ Type	奪い合い型	価値交換型	価値創造型
焦点 Focus	自己中心 Self/Ego	互恵中心 Mutual Value	志 The Greater Good
基本スタンス （相手に対して）	利用	相互活用 （取り引き）	同志・仲間 （取り組み）
信頼関係	低	中	高
協働意欲	低	中	高
力関係の差による影響度	高	中	低
情報コントロール	強	中	弱
透明性	低	中	高
BATNA の影響	高	中	低
ZOPA 理解の有効性	高	中	低
仁のスコープ （他者視点・互恵意識）	狭	中	広

図表4　交渉進化モデル

※交渉の定義「自らの目的達成、問題解決、何らかのニーズを満たすために他者と話し合う一連のプロセス」

Type 類型	Strategic Intent 戦略的意思
Level3 価値創造型	志中心 Focus:The Greater Good 共通目的・目標の達成
Level2 価値交換型	互恵中心 Focus:Mutual Value 自他利益の最大化
Level1 奪い合い型	自己中心 Focus:Self/Ego 自己利益の最大化

価値創造型	お互いの共通目的、共通目標を軸にして、双方が情報をオープンにして資源を持ち寄り協働し、問題解決に向けて新たな解決策を生み出す。
価値交換型	交渉項目を限定せず、お互いのニーズの違い、重要度の違いなどの相互の差を活用し、交渉項目を増やすことで戦略的な交換を実現し、双方にとって満足ができる有益な合意を形成する。
奪い合い型	限られたパイを奪い合う勝つか負けるかの交渉。競争的であることから競合的交渉、またはウィン・ルーズ交渉とも呼ばれる。お互いの情報はクローズドとなり、自己の利益のみを最大化することが中心となる。脅しやはったりが有効な戦術となり、力関係の差を利用して、いかにして相手から有効な譲歩を引き出すか、自分に有利な展開を作るかが重要なポイントとなる。

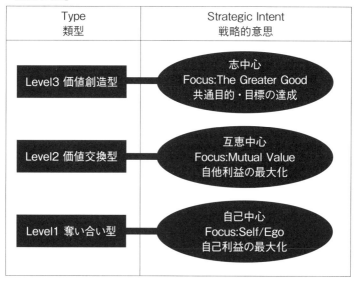

「能なるもこれを不能に示し、用なるもこれを不用に示し、近くともこれを遠きに示し、利にしてこれを誘い、乱にしてこれを取り、実にしてこれに備え、強にしてこれを避け、怒にしてこれを撓し、卑にしてこれを驕らせ、佚にしてこれを労し、親にしてこれを離す。その無備を攻め、その不意を出ず」(計篇)。

すなわち、相手の目をくらまし、油断させ、かき乱し、分断し、急所をつくこうした縦横無尽の計略を展開せよ、というのです。相手に自分の手の内を読ませない奪い合いの交渉において重要な考え方です。

三十六計もさまざまな謀略が示されています。友好的な関係を演出し相手に油断をうながし、隙をついて相手を打倒する「笑裏蔵刀」、相手の内部分裂を誘って弱体化をうながす「連環計」や「反間計」、東を撃つとみせかけ、手薄となった西を撃つ不意打ちの「声東撃西」など、自己利益の最大化のためにいかに相手を利用し、貶めるかが語り尽くされています。

奪い合いの交渉の達人としては、東洋では鬼谷子に学んだ蘇秦、張儀が有名です。舌先三寸で大国を相手にし、権謀術数の限りを尽くし、春秋戦国時代を生き抜いた人物です。そのエピソードは戦国策で紹介されています。その中で相手を騙す、裏をかくといった権謀術数を繰り広げています。

それではこうした世界観を中心にした奪い合いの交渉の結末は、どうなるのでしょうか。戦国策の復元を試みた唐宋八大家のひとりである曾鞏《そうきょう》は、戦国策を次のように評しています。

「戦国遊説の士は、道徳への信念を失って、いたずらに弁舌の効能をもてあそぶものである。さればこそ、相手にだまし方を論ずるときには失敗の可能性を隠し、戦争に訴えることの有利を解くときはその災害を隠していわない。かくして蘇秦、商鞅、孫臏、呉起、李斯、みなその身を滅ぼし、彼らを用いた諸侯も秦も、その国を滅ぼしている。世にこれほどの災禍をもたらす思想、その弁舌を持ったこの書物などは、滅ぼすべき書物ではないのか」。

曾鞏はそうした考えの上であえて逆にその思想を世の中にしらしめすことが、邪説を真の意味で禁ずることにつながると考え、復元を試みたといわれています。

蘇秦の最期はその権謀術数が斉王の怒りに触れ、車裂きの刑に処されるというものでした。韓非子を著した韓非もすばらしい頭脳をもちながら、最後は性悪説を唱えた荀子のもとでともに学んだ同門の李斯の謀略の餌食となり、獄につながれ自殺に追い込まれています。

韓非を自殺に追い込んだ李斯もやがては趙高の謀略にはまり、処刑されます。

曾鞏の指摘のようにこの領域の行きつく先は多くの場合、その身を滅ぼすことへとつながっていくのです。

この領域の交渉は詐術といえるものであり、その中身は相手を貶める「卑」なるものが数多くあります。不信の哲学をベースにした卑なる交渉術を用いれば、遅かれ早かれやがては、破滅を自ら招き入れることになります。

「奪い合い」をどうとらえるか

それでは奪い合い型の交渉の領域をどうとらえて、どのように対応すればよいのでしょうか。18世紀にフランスで出版された『外交談判法』の中でカリエールは、交渉家について次のように述べています。

「腕利きの使臣はぺてんにかける術の名人でなければならないというが、そのように考えるのは間違いである。ぺてんは、その手を使う人の智力が狭小であることの結果であって、正しい筋の通った方法で目的を達するための手段をみつけることができるだけの幅の広さをもっていないことを示す。

たしかに、ぺてんによって成功を博することがしばしばある。しかし、ぺてんを使わない場合に比べれば、常に、その成功は長続きしない。なぜならば、だまされた人の心に、恨みと復讐心を残すからだ。だまされた人は、早晩、相手に思い知らせようとするものである」。

このように奪い合い型の交渉において自らは、決してぺてんを企てないということが肝要です。もし仮に自ら企てれば、一時的に上手くいったとしてもやがて暴かれ、信用を失うことになるでしょう。

相手が卑なる態度、謀略を企ててきてもあくまでも冷静に防衛の交渉に徹し、自らは決して詐術を企てないことが重要です。明治生まれの実業家石田禮助の言葉を借りれば「粗にして野だが卑ではない」という姿勢に徹することが大切と考えます。

中国に次のような言葉があります。

「害人之心不可有　防人之心不可無」（他人を陥れようなどと考えてはならないが、他人から陥れられないように警戒心を失ってはならない）。

まさにこの奪い合いの交渉の領域においては、詐術といえるテクニックを理解し、自らが陥穽に陥らないようにする「防衛としての対応」が重要です。こうした手法の手の内をよく理解しておけば自らが引っかかることはないのです。

それでは防衛としての対応とは、どのような内容でしょうか。この点について筆者は『心理戦に負けない極意』（ＰＨＰ研究所刊）の第5章において、くわしく記載しています。

ここではその考え方について紹介しましょう。

防衛する上で重要なことは、３つあります。

①相手の詐術を見破る目をもつこと
②防衛のための「奇策」を用いること
③交渉相手の人物としてのレベルを適切に見分けること

の３点です。

相手の詐術を見破る目をもつ

①の「相手の詐術を見破る目をもつこと」については、防衛の柱ともいえます。

前述しましたが、さまざまな権謀術数、詐術に対する理解を深め、自らがその罠に陥らないようにする必要があります。現代の交渉の手法として紹介されるフットインザドアやドアインザフェイス、ショッピングリストの戦略などについて毛嫌いせず知っておくことが重要です。

たとえば、この領域の交渉手法として、ふたりが結託し、相手に対して片方が厳しく対応し、もう片方がやさしい言葉をかけ心理を揺さぶる「善玉悪玉戦術」は有名ですが、これをしかけられた際の対応法として、スチュアート・ダイアモンドは、次のように紹介しています。

「おふたりのやり方は正反対ですね。ひとりは優しくて、もうひとりは厳しい。ちょっと休憩をとって、やり方を統一したらどうですか？」。

このように相手の手口を知っていれば防衛ができるのです。

またそれと同時に、情報を正しく取捨選択する力も重要となります。２０１６年９月16日英国はＥＵ離脱の是非を問う国民投票を行い、ＥＵ離脱を決めました。ＥＵ離脱を先導していた英国独立党党首（当時）ナイジェル・ファラージ氏は選挙前には、英国がＥＵ加盟国として払っている拠出金が、週３億５０００万ポンドに達すると主張していました。

しかし実際は、１億数千万ポンドであり、選挙前の数字はまったくのうそであることが明るみになりました。この点は誤りであったことをファラージ氏本人も認めました。

本件は誤った情報によって意思決定が、操作されたといっても過言ではありません。情報を正しく見抜く力がなければ、簡単に相手にコントロールされてしまいます。現代はネット社会となり、いままで隠されていた真実が明らかになる一方で、情報が洪水のように個人に押し寄せる時代となりました。

そのためまったく根拠のないデマ、陰謀説、フェイクニュースが氾濫しています。こうした状況下では、情報を正しく精査する力を養うことが必要です。そのためには権威や多数派の意見を鵜呑みにせず、自らの頭で考える。ネット情報だけで物事を判断せず、何事も現場、現物、現実の三現主義の精神を大切にして自らがしっかりと事実関係を確かめるといったリアルな活動をベースにした行動が、ますます重要になってくると考えます。

防衛のための「奇策」を用いる

②の「防衛のための「奇策」を用いること」は、現状を打破するための生きた知恵を生み出す力ともいえます。現実社会では理想論だけでは生きていけません。当然、世の中には矛盾や不条理な面も数多くあり、時として苦境に陥り、奇策を

もって抜け出さなければ危機的状況に陥ってしまうような場面に遭遇することもあります。こうした場面ではよい「奇策」を導き出す知恵が必要となります。

西暦三世紀前半に蜀漢の丞相として活躍した知略の人諸葛亮の空城の計（三十六計の中の三十二計）は、有名な奇策といえます。「自軍の主力部隊を魏延に預けて東へ向かせ、自らは陽平関に駐屯していたところへ敵軍の司馬仲達が20万人の大軍を率いて押し寄せてきた。まともに戦えば確実に負ける局面で、諸葛亮は四方の城門を開け放ち、自らは城楼に上がり、敵の大軍を前にして、香をたき、琴を弾きはじめた。司馬仲達は謀りごとであるに違いないと考え、全軍撤退し難を逃れた」という逸話です。

この話は実際、小説の中のフィクションとされていますが、戦国乱世を生き抜いた諸葛亮の知略に長けた一面をうかがい知れるエピソードといえます。

交渉学で紹介される有名な奇策の事例として、ルーズベルトの1912年第3期目の大統領選の選挙活動におけるエピソードがあります。この事例はディーパック・マルホトラ、マックス・H・ベイザーマン著の『交渉の達人』の冒頭でも紹介されています。

ルーズベルトの選挙対策責任者は、遊説先で配るためのルーズベルトの写真入りビラ300万枚を印刷しましたが、写真家に使用許可を取るのを失念し、場合によっては著作権法により写真家に多額の使用権を支払わなければならない事態に陥りました。

写真家に価格交渉をするか、ビラを刷り直すか、いずれにしても多額のコストがかかり苦境に陥ることが目にみえていました。そこで選挙対策責任者は奇策を考え出しました。選挙対策責任者は写真家に対して、こう持ちかけたのです。

「写真付きの遊説用ビラを300万枚配布する計画がある。写真家にとってまたとない宣伝の機会だと思われる。貴殿の写真を使用した場合、いくらなら払う用意があるのか、至急連絡されたし」。

これによりルーズベルトの写真入りビラを写真家は自身の宣伝の機会としてとらえ、支払いに応じる回答をしてきたというわけです。逆境に陥った際にはときとして、このような奇策を生み出す力が必要になるといえます。

「人として」のレベルを見分ける

③の「交渉相手の人物としてのレベルを適切に見分けること」については、孫

子に「彼を知りて己を知れば、百戦して殆うからず。彼を知らずして己を知れば、一勝一負す。彼を知らず己を知らざれば、戦う毎に必ず殆うし」（孫子謀攻篇）とあるように、交渉で負けないために非常に重要な観点です。

交渉進化モデルで示した価値交換、価値創造の段階へ交渉の質を上げていくべきか否かについて判断する上でも、必要不可欠です。兵法書六韜の中では周の武王が人物の見極めについて、太公望に質問しているくだりがあります。

太公望いわく、第一に質問をしてみて、返答の内容で判断する。第二に問いつめてみて、どんな対応をするかで判断する。第三にスパイを使って裏切りを誘い、誠意を確かめてみる。第四に表面からずけずけ尋ねてみて、人柄を観察する。第五に財貨を管理させて、どの程度、清廉であるかを観察する。第六に異性を近づけてみて、どの程度貞節であるかを確かめる。第七に、任務を与えてみて、どの程度勇気があるかを判断する。第八に酒を飲ませてみて、その酔い方を観察する。この八つの方法をすべて試みてみれば、賢者か愚者かを見分けることができるとしています。

孔子は次のように述べています。「子曰く、其の以す所を視、其の由る所を観其の安んずる所を察すれば、人焉んぞ廋さんや」（論語為政第二）。この部分に対して渋沢栄一は、次のように解説しています。

「論語に書かれた人物観察法は、まず第一に、その人の外部に顕われた行為の善悪正邪を相し、それよりその人の行為は何を動機にしているものなるやを篤と観、さらに一歩進めて、その人の安心はいずれにあるや、その人は何に満足して暮らしているや等を知ることにすれば、必ずその人の真人物が明瞭になるものでいかにその人が隠そうとしても、隠し得られるものではないというにある」『論語と算盤』(国書刊行会)。

人物鑑定法にはさまざまなやり方、考え方があると思いますが、交渉相手がどういう人物なのか、その行動や発言の背景から価値観や人間性をしっかりつかんでおく必要があるということは、防衛の交渉において重要なことです。

防衛としての交渉について3つの観点から述べました。この観点は常に意識しておく必要があります。常在戦場という言葉がありますが、レベル1の交渉で常に強い危機意識をもって対応する必要があります。油断をすればギリシア神話に登場するトロイア王プリアモスのように、敵であるギリシア軍が潜む木馬を城内に招き入れ、瞬時に国を滅ぼされることになる恐れがあることを肝に命じる必要があります。

レベル2「価値交換型交渉」

レベル1の奪い合い型の交渉の領域においては「防衛の交渉」に徹し、交渉のレベルを上げていく必要があります。奪い合いから価値交換、価値創造へ交渉の質を変えていくために、どうすればよいのかを常に考え、努力していく必要があります。

相手の術中にはまり、感情的になり、自らが主体的に奪い合い型の交渉に参戦すれば、いずれは自他ともに滅亡の道を歩むことになりかねません。芥川龍之介の小説『蜘蛛の糸』の世界のように他人を蹴落とそうとした瞬間に糸が切れ、自らも地獄の底の血の海に落ちていく結末を迎えるのが、この奪い合い型の交渉のいきつく先であると考えられます。

「奪い合い型」から「価値交換型」「価値創造型」へ

これまでレベル1の奪い合い型の交渉は、ゼロサム領域でしたが、レベル2は価値交換型の交渉、レベル3の価値創造型の交渉はノンゼロサム、プラスサム領域の交渉になります。パイの奪い合いを超え両者の目的達成、問題解決、ニーズをより高いレベルで満たすために協働する領域となります。

レベル2の価値交換型は交渉項目を限定せず、お互いのニーズの違い、重要度の違いなど相互の差を活用し、交渉項目を増やすことで戦略的な交換を実現し、双方にとって満足できる有益な合意を形成する交渉です。

東洋思想では『論語』の世界観が、当てはまります。『論語』の教えを説いた孔子は、「修己治人」（己を修めて人を治む）を基本とし、仁者、君子のあり方を指し示しました。人間としての生き方の追及、王道楽土の実現にその生涯を捧げた思想家です。『論語』はこの孔子の教えを後に弟子たちによって編集されたものですが、その中でもっとも重要な徳目として述べられているのが、「仁」です。孔子は仁について、弟子のひとりである子貢に問われ、こう答えています。

「仁者は己立たんと欲して人を立て、己達せんと欲して人を達す」（雍也第六）

仁の人は、自分が立ちたいと思えば人を立たせてやり、自分が行きつきたいと思えば人を行きつかせてやって、（他人のことでも自分の）身近かにひきくらべることができる、（そういうのが）仁のてだてだといえるのだろう（論語：金谷治訳／岩波文庫）。

『GETTING TO YES』の著者であるウィリアム・ユーリーは、「交渉役として最も大切なスキルをひとつだけ挙げなさいといわれたら、私は相手の身になって考える能力と答える」と述べています。相手の立場に立って考え、相手のニーズを知り、お互いのニーズを満たす交換を実現していくことが重要です。

価値交換型の交渉において重要な点は3つです。第一に、相手の求める価値は自分が求める価値と必ずイコールであるとは限らないことを理解することです。第二は、相手の求める価値を理解するために相手の立場に立ち、相手のニーズは何かを知ること。そして相手のニーズを満たす価値を自分が提供することができるか否かを考えることです。第三に、両者が満足できることを目的とした互恵意識、仁の精神をベースにして情報をオープンにし、信頼関係を高め、お互いの可能性を掘り出し、有意義な交換を実現させることです。

ひとつ目の点を示す事例として、日本の有名な民話「わらしべ長者」がありま す。貧乏な若者が有効な交換を繰り返して、やがて大金持ちになるというストーリーです。簡単に内容を紹介します。

ある日、生きることに希望を失った身寄りのない貧しい若者が、あるお寺へ行き観音様が祀られているお堂の前に座り込みます。そしてお堂に座り込んで21日目の夜に、夢を見ます。夢の中に登場した人物は「すぐに寺を出なさい、寺の門を出たら何でもいいから、手にしたものを捨てないで持っていなさい」と、語りかけます。夢でそういわれた若者はすぐに寺を出ます。するとその手には、1本のわらしべが、握られていました。

わらしべを持って歩いていると、そこにうるさいアブが飛んできます。あまりにうるさいのでアブを捕まえ、持っていたわらしべにくっつけて歩いていると、通りがかりの一行の車の中の子どもが、このアブをくっつけたわらしべを見て、欲しがります。そして若者は、アブをくくったわらしべを子どもに差し出します。すると、一行の家来がみかんを3つお礼として、渡してくれました。これが最初の価値交換です。

若者はさらに歩いていくと、次には家来を大勢連れた身分の高い女性とすれ違います。女性は喉が乾いたらしく、水が飲みたくて困っていました。そこで若者はみかんを3つ差し出します。相手は大喜びでお礼に上等の布を3本渡してくれました。これが2度目の価値交換です。

またさらに歩いていくと、今度は立派な馬に乗った人と出会います。大変立派な馬でしたが突然暴れ出し、倒れてしまいます。持ち主は馬を死んだものとしてあきらめ連れのひとりに馬の処理をまかせ、別の馬に乗り、その場を立ち去ります。若者はすかざす布を1本取り出し、馬の処理を任された人に死んだと思われる馬との交換を提案します。相手は合意し布を1本もらい、その場からいなくなりました。馬を得た若者は、その場で馬が生き返ることを観音さまに祈ります。すると、突然馬が目を覚まします。若者は喜び、残りの2本の布で鞍や轡、食料と交換し、その馬に跨り、都を目指します。これが3度目の価値交換です。

そして最後、都へ向う途中で、この馬を欲しがる人に出会います。相手は馬と引き換えに田んぼと、米や麦との交換の上に、そして自らの所有する大きな家を預かってくれと提案してきます。若者は喜んで承諾します。これが4度目の価値交換です。

この相手はその後、馬に乗って旅立ち、二度と戻ってくることはありませんでした。そのため預かっていた家も自分のものになり、若者はわらしべ1本から価値交換を繰り返し、最終的には大金持ちになったという話です。

成功を導く「価値認識の差」の活用

ここでは、①アブをくくったわらしべとみかん3つ、②みかん3つと上等な布3本、③上等な布3本と死んだと思われた立派な馬、鞍と轡、食料、④元気になった立派な馬と田んぼ、米、麦、大きな家（いったんあずかり、主人が戻らない場合は譲渡される）と価値交換を行ってきました。民話では若者が意図的に交渉したわけではありませんし、観音様に導かれて幸運を手にしている側面も大きいのですが、ここで実際の交渉に役立つ側面を考えてみると結果的ではありますが、節目節目で自分の保有する資源を使い、相手のニーズを満たす不等価交換を見事に実践していることがわかります。

自分にとってさほど重要ではないものが、相手にとっては非常に重要であるケースがあり、そうした点に着目して価値交換を実践すれば、保有する資源が少ない弱者の側であっても、交渉によって大きな価値を手に入れる可能性があるといえます。つまり、相互の価値の認識の差を活用することが、価値交換型の交渉では非常に重要な点です。

このわらしべ長者の事例が示すように、相手の求める価値は自分が考える価値と必ずしもイコールであるとは限らないことを理解することが重要です。こうしたことが、奪い合いの交渉から脱皮し、交渉項目を拡げ価値交換へ導くことにも、つながってくるのです。

次に価値交換型の交渉において重要な第二、第三の視点を示す事例を紹介しましょう。第二の視点とは、「相手の求める価値を理解するために相手の立場に立ち、相手のニーズは何かを知ること、そして相手のニーズを満たす価値を自分が提供することができるか否かを考えること」です。第三の視点とは、「両者が満足できることを目的とした互恵意識、仁の精神をベースにして情報をオープンにし、信頼関係を高め、お互いの可能性を掘り出し、有意義な交換を実現させること」です。この第二、第三の視点を実践して成功した経営者の実例を紹介したいと思います。

創業して20年で年商500億円の火鍋専門のレストランチェーン海底撈（Hai Di Lao）を築き上げた張勇氏は、顧客を徹底的に楽しませるサービスで成功を収めた経営者です。大変特徴的なことは、サービスの品質が全体的に低い中国において出稼ぎ労働者の力を引き出し、ハイクオリティのサービスを生み出す店をつくり出したことにあります。この経営には、まさに張氏と出稼ぎ労働者との価値交換型の交渉が経営のベースにあります。

張氏は、「出稼ぎ従業員の問題解決に全力を尽くす」ことを使命とし、十分な医療や教育サービスが受けられない中国の出稼ぎ従業員の立場に立ち、独自の福利厚生でバックアップします。出稼ぎ従業員の教育、医療費の一部を会社が負担、清潔な寮を用意、社員の親にも生活支援金を提供、努力を続ける社員に対しては幹部が社員の実家を訪れ、親に対してお礼の挨拶をし、子どもをほめるといった支援を実行しました。

また、同時に重要な価値観として「自分の手で運命を変える」という強い信念を持つことを仕事のベースとして全社員と共有していきました。これが、張氏が出稼ぎ従業員に提供した価値です。戸籍の問題で不利な状況にある出稼ぎ従業員にとっては大変ありがたい支援であり、自らの人生を自らの力で変えることができる大きなチャンスでもありました。

出稼ぎ従業員はこの支援策に全力で応えていきます。まさに「自分の手で運命を変える」の信念のもと、顧客を喜ばすための独自のサービスを次々と考え、実行していきます。各テーブルに必ず担当者がつき、顧客の所持品が汚れないように携帯はすかさずビニール袋に入れる。服には布をかぶせるなどきめ細かい配慮を徹底し、子ども連れであれば子どもの相手をする。また、麺伸ばしのパフォーマンスでお客様を楽しませる。トイレでは手を洗った際にタオルを手渡す。満席で待っているお客様には靴を磨く。ネイルサービスを行うなど、数々の独自のサービスを生み出してきました。

マニュアルはなく、すべて従業員が考えだしたサービスで、常に毎朝グループ毎の朝礼で斬新なアイディアを生み出し、それを実行してきました。中国全土で食の安全の問題が浮上した際も野菜は自分たちでつくり徹底管理することを決め、化学肥料の使用を禁止した野菜を生産、生産基地や流通過程も顧客へ公開し、信用を勝ち取っています。こうした行動・成果は、従業員が張氏から提供された価値に対してそれに応えるために生み出し、提供した価値になります。まさに機会を与えてもらった出稼ぎ従業員が、自らの努力で顧客へ高いサービスを提供し、張氏の期待に応えていく、こうした仁の循環が行われて発展した事例といえます。

相手の立場に立って考え、相手が求めるニーズに対して自らが提供できる価値を提案実行する。そしてそれがお互いのニーズの充足や課題解決につながれば、パイそのものが大きくなるのです。これこそ有益な価値交換型の交渉といえます。時間軸で考えれば、交渉学でよく使われる有名なオレンジの事例や図書館の窓の開閉の事例のような同時にお互いのニーズが満たされるケースばかりとは限らず、むしろ時間をかけて双方のニーズが満たされる価値交換型の交渉が実際には多く存在します。

実際の価値交換においては他方がまず相手のニーズを満たす提案、行動を実施する。そして時間をおいてもう一方が相手のニーズを満たす提案、行動を実施する、そうしたことも考えられるのです。

実際に交渉とは、机の上で話し合いをするだけの「静的」なものではなく、お互いの行動によって影響を相互におよぼし合う「動的」なものです。そこには「仁」の精神と、中国の故事成句でいう「飲水思源《いんすいしげん》」――「水を飲むときは、その水源に思いをおよぼすこと。つまり、人から受けた恩を忘れない」の精神が必要不可欠となっています。こうした精神がなければ、継続的に価値を生み出す価値交換型の交渉は実現されないのです。

レベル3「価値創造型交渉」

レベル3の価値創造型の交渉は互いの共通目的、共通目標を軸にして、双方が情報をオープンにして資源を持ち寄り協働し、問題解決に向けて新たな解決策を生み出す交渉です。

お互いの目先のニーズを満たす、利益を手に入れるといった低い次元でのウィン・ウィンの世界を超え、目指すべき目的、目標を共有し、それに向かって両者が協働するのが、その特徴です。

東洋思想では、『論語』『孟子』『陽明学』『武士道』の世界観が当てはまります。

まずはその世界観の一部を紹介します。「君子は義に喩り、小人は利に喩る」(里仁第四)君子は正義に明るく、小人は利益に明るい(論語:金谷治訳/岩波文庫)(著者補足　孔子は論語の中で利は否定していない。利を優先させる人間を小人といっている。あくまで義を中心とした利でなくてはならないと述べている)、孟子はこういいます。

「仁は人の心なり、義は人の路なり」(告子章句上)。

仁は人がもともと持っている心であり、義を人の歩むべき路と示しています。価値創造の交渉においてはこの義が重要となります。両者の目先の利益を超えた大義(共通目的・目標)を軸にすることが、その特徴です。大義とは志ともいえます。陽明学では「夫れ志は気の帥也。人の命也。木の根也。水の源也。源濬からざれば則ち流れは息み、根植えざれば則ち木は枯れ、命続かざれば則ち人は死し、志立たざれば則ち気昏し」(王文成公全書巻七)。

「そもそも志は気を率いるものである。人であれば命であり、木の根であり、水の源である。水源が深くなければ流れは止まり、根が育たなければ木は枯れ、命がつづかなければ人が死ぬように、志がなければ気はくらんでしまうのである」としています。

『武士道』では著者の新渡戸稲造は、その徳目として「義」「勇」「仁」「礼」「誠」「名誉」「忠義」を挙げ、「義」を最初に位置づけています。新渡戸稲造は武士道を桜花と同じく日本の土地に固有の花であるとしながらも、その淵源として『論語』『孟子』『陽明学』を挙げています。そうした意味では論語、孟子、陽明学、武士道はその世界観を共有している面が大きく、その焦点は人間としての徳を高める思想といえます。価値創造型の交渉を実現するには、志を軸にすることとともに同時に自己の目先の利益や立場にこだわらない徳を身につけることも重要になります。

なぜなら、ときにこの目指すべき目的、目標はお互いの利害を超え、次世代のニーズを満たすことや社会の問題を解決することなど、高い視座で広い範囲を促えている場合も考えられるからです。

価値創造型の交渉の重要な点は3つあります。第一は前述したように単なるお互いの目先のニーズ、利益を満たすという低い次元でのウィン・ウィン交渉の段階を超え、志（大義）を共有し、その実現のために協働するという点です。

第二に情報をオープンにしてお互いの信頼関係を深め、取引関係から取組関係へ、価値を交換する相手から同志へと関係を変え、その質を高めることにあります。第三に徳を高め、志実現のために自己の目先のニーズや利益を手放すことです。これはノブレス・オブリージュ（noblesse oblige）を超えた、だれもが持つ自己の良心の発揮といえます。

日本では幕末から明治にかけて価値創造型の交渉がさかんに行われました。この時代に行われた代表的な価値創造型交渉では、「薩長同盟」「大政奉還」「江戸無血開城」の3つが有名です。

この交渉を成立に導いたキーマンとして薩長同盟、大政奉還では坂本龍馬、中岡慎太郎、江戸無血開城では山岡鉄舟が挙げられますが、坂本、中岡、山岡は、藩や幕府のためといった立場を超えた高い志を軸にして合意形成へと導いていった点が共通する点です。

薩長同盟では、激しく対立する薩摩藩と長州藩の手を結ばせるという至難の技を交渉により坂本、中岡が実現させました。長州藩は1863年8月18日の政変で薩摩藩、会津藩主導で、攘夷派の公家とともに京都を追放されます。

さらに翌1864年には京都御所の蛤御門で薩摩藩、会津藩の藩兵を含む幕府軍と衝突する禁門の変が起こります。長州藩は敗北し、このときを境に朝敵の汚名を被ることになり、幕府による長州征討がはじまります。長州人はこうした経緯から薩摩、会津を薩賊会奸として激しく憎んでいました。

　こうした状況下で1866年1月薩摩藩の西郷隆盛、小松帯刀と長州藩の桂小五郎による会談を実現させ、薩長同盟が成立します。途中何度も破綻しそうな状況下におかれても坂本、中岡はあきらめず、長州藩のアキレス腱であった軍艦と武器を薩摩藩名義で購入できるようにし、薩摩藩には京都へ向う際の兵の糧米を長州から購入できるようにするといった合意形成に向けて環境を整えていきます。

　そして最後まで藩や武士の面子にこだわる両藩に対し、お互いの立場を超えた大義、つまり、今後の日本のために同盟する必要性を訴え、ついには薩長同盟につなげたのでした。陸援隊の隊士で昭和14年まで生きた最後の志士といわれた田中光顕は坂本、中岡についてこう述べています。

「提携運動を起こした坂本、中岡などの苦心というものは並大抵のものではない、勤王討幕の第一線に立って、剣戟砲丸の間に活躍した勇士の功も、むろん没すべからざるものだが、と同時に両先輩が両藩の感情を融和せしめて、共同作業の下に維新の機運を開いた努力を忘れてはならない。もし、両先輩が存在しなかったら、薩長の連合は行われなかったかもしれない、そうなると、維新の大業は、完成しなかったかもしれない、完成しても、よほど遅れることになったとみねばならない」。

また、坂本について「彼は平生、王政維新の大業さえ成就したなら、この一身、もとよりおしむ所にあらず、もう無用の身だといっていた」。このように大義、志を中心にした価値創造型の交渉の実現においては、事を成すために、己の利益、この場合は自己の生命までも手放す覚悟で交渉をしていたことがわかります。坂本の驚嘆すべき点は、大政奉還においてさらに発揮されます。

薩長同盟においては坂本、中岡が土佐藩出身であり、薩摩藩、長州藩との間で、第三者的な立場を取ることができたのですが、大政奉還においては、坂本は、かつての仇敵後藤象二郎と協力し、土佐藩を動かします。

後藤は土佐藩の大監察として坂本の同志であった武市半平太以下土佐勤王党同志を死に追いやった人物です。後藤象二郎と手を組むことは土佐勤王党の同志からすれば、裏切りにあたる行為でした。

しかし、あくまで私事や私情に流されず、大義、志実現のために行動します。そして後藤象二郎が山内容堂を動かし、１８６７年10月土佐藩から大政奉還の建白書が幕府に提出されます。そしてその後間もなく、徳川慶喜は二条城において大政奉還を表明しました。徳川慶喜の私事を捨て大義に生きた英断でした。

このことにより武力衝突なしに政権が委譲されたのです。二条城を退出した後藤象二郎が大政奉還成立の旨を書にて知らせた際、坂本は傍にいた中島作太郎を顧みて次のように述べたといわれています。

「将軍家今日の御心中さこそと察し奉る、よくも断じ給へるものかな、よくも断じ給へるものかな、余は誓って此公の為に一命を捨てん」。

坂本は徳川慶喜の英断に深く感銘を受け此公のために一命を捨てんといったのだと思います。坂本龍馬、徳川慶喜の大義のために私事を捨てる英断が、価値創造へ道を開いた交渉であったといえます。

江戸無血開城では、山岡鉄舟が合意形成におけるキーマンとなりました。1868年3月幕府側陸軍総裁勝海舟と、官軍参謀西郷隆盛との会談がなされ、江戸総攻撃の前日に和平交渉が成立し、江戸を戦火から守り、100万人の市民が救われたわけですが、この会談を実現させたのが山岡でした。山岡は徳川慶喜の命を受け、官軍の本拠であった駿府に命がけで赴き西郷隆盛と会見します。

そして勝海舟との会談の仲立ちを実現させます。双方の利害関係を超越して日本全体を思う山岡の志の高さと自らの命をかけた姿勢、気魄に西郷が動かされたといいます。

西郷は遺訓の中で「命もいらず、名もいらず、官位も金もいらぬ人は、始末に困るもの也。此の始末に困る人ならでは、艱難を共にして国家の大業は成し得られぬなり」。

このように述べています。まさにこのときの山岡の行動は、この言葉に当てはまるものであったと思います。幕末から明治にかけて薩長同盟、大政奉還、江戸無血開城という国家の命運を左右する非常に、重要な交渉が行われました。

そこでは坂本、中岡、山岡といった高い志を軸にした人物の命がけの行動が価値創造型交渉の成功を支えたといえます。

日本経済の礎を築いた渋沢栄一

次に価値創造型交渉の実践事例としてビジネスの現場の実業家を紹介します。上記の3つの交渉によって日本社会のあり方が変わり、明治維新後、急速に近代化が進んでいきます。

その中で日本経済の発展の礎を築いた中心的存在が、渋沢栄一です。渋沢栄一も前述した坂本、中岡、山岡と同じく価値創造型交渉の実践者といえます。渋沢は幕末、慶喜の家臣でしたが慶喜の弟昭武に随行してヨーロッパを歴訪します。

そんな中で日本は、明治維新となります。渋沢は帰国後、明治政府に仕官しますが、その後、官尊民卑の打破、民間主導の社会実現を志し実業家に転身します。そして第一国立銀行の設立をはじめとして500におよぶ企業の設立、発展に寄与していきます。その理念は道徳経済合一（論語と算盤の一致）であり、これを自ら実践しました。企業設立以外にも多くの社会事業にも携わっています。まさに日本資本主義の父、社会事業の祖といえます。

渋沢栄一は経営の独裁に反対し、合本主義を唱えて拡げていきます。交渉においては、誠心誠意を尽くし、粘り強く一人ひとり徹底的に話し合うスタイルが特徴だったといわれます。また、多数決至上主義に陥らず多数決を上回ることとして物事の道理を重視したといわれています。これを示す渋沢の言葉があります。

「人は何よりもまず、道理を明らかにせねばならぬ。道理は天における月日のごとく、終始昭々としておるものであるから、道理に伴うて事をなす者は必ず栄え、道理に悖《もと》って事を計る者は必ず亡ぶることと思う。一時の成功とか失敗とかいうものは、永い人生、価値多き生涯における泡沫のごときものである。しかるに、この泡沫のごときものに憧憬して、目前の成敗のみを論ずる者が多いようでは、国家の発展進歩も思いやられる。よろしく左様な浮薄の考えは一掃し去り、社会に処して実質の生活をするがよい。もし事の成敗のほかに超然として立ち、道理に則って一身を終始するならば、成功失敗のごときはおろかそれ以上に価値ある一生を送ることができよう」。

渋沢のベースには、常に社会のためという志と論語を実践しようとする高い道徳性がありました。私心なき姿勢が生み出す価値創造型の交渉により多くの賛同者を得て日本の経済基盤を支える５００もの企業を生み出したのだと考えられます。

さらに現代の経営者として価値創造型の交渉の実践者としては、稲盛和夫氏が挙げられます。稲盛氏は西郷隆盛の「敬天愛人」を自身の経営理念に掲げ、徳を高めることをベースに経営を実践してきました。そのベースには渋沢栄一と同じく高い志と道徳性の重視があります。

稲盛氏が師事する西郷隆盛は儒教とくに陽明学を自身の哲学に取り入れ実践した人でした。江戸無血開城で西郷と対峙した勝海舟は、「西郷南洲なども、ひどくこの人（陽明学の祖　王陽明）の学識と徳行とに感服して、平生大いに私淑して居たらしい」と後年述べています。

稲盛氏は２０１０年2月1日、会社更生法の適用を申請したＪＡＬの会長となり、再建に着手します。当時ＪＡＬが抱えていた負債総額は2兆３２２１億円で戦後最大規模の倒産の状況でした。

稲盛氏はＪＡＬの３万２０００人の雇用を守ること、日本の航空業界に健全な競争がなくなり、１社独占になるのを防ぐこと、日本経済への悪影響を防ぐことを大義として80歳を目前に、無償でこの大役を引き受けます。

稲盛氏は株主でも管財人のためでもなく、全従業員の物心両面の幸福の追求を軸にして、社員と対話を重ねていきました。抵抗する役員に対して自らの良心、利他の心を呼び覚ますことなど、徳の発揮の重要性を中心に語りかけるところからはじめていきました。

ＪＡＬ再建において最大の壁となった組合との交渉においても、経営側と組合側との間に信頼関係が構築されていなかった状況を変えるために、経営情報を徹底的にオープンにし、正しい情報をもとに各々の現場の小集団が、自ら考え行動する体制をつくるように導いていきました。

リストラ策に不満を訴える社員を前にしても懐柔策を出したり、解雇をちらつかせて脅したりすることもせず、ひたすら会社の窮状を淡々と相手に話しました。

吊し上げを恐れず、策を弄さず、肚をくくって入り込み、真実を話して理解を求めていきました。結果、パイロットの人件費を4割カットしても労働組合がストライキをおこすこともなく、各自が現状を正しくとらえ、経営マインドをもつようになり、JAL再建のために現場主導で動きはじめます。

そして全員参加の経営が推進され、2年後の2012年3月期には2049億円の営業利益を達成し、同年9月には東京証券取引所に再上場というV字回復をJAL社員が一丸となり実現しました。まさに稲盛氏はJAL再生のために、

①志（大義）を共有し、その実現のために協働する。

②情報をオープンにしてお互いの信頼関係を深め、「取引関係」から「取組関係」へ「価値を交換する相手」から「同志」へ関係を変える。

③徳を高め、志実現のために自己の目先のニーズや利益を手放す。ノブレス・オブリージュ（noblesse oblige）を超えただれもがもつ自己の良心を発揮する。

この価値創造型の交渉において重要な3つの側面を実践したといえます。

稲盛氏は人を動かす原動力として、著書でこう述べています。「人を動かす原動力は、ただひとつ、公平無私ということです。公平無私というのは、自己の利益を計る心がなく、自分の好みや感情で判断しないということです。（中略）リ

ーダーは、まず無私の姿勢を明確にしなければなりません。そして自分の集団のために意義ある目標を立て、自らもそれに向かって進んでいくべきなのです」。

交渉のプロフェッショナルについて、交渉進化モデルを基にして説明いたしました。交渉において重要なことはレベル1の奪い合い型のハードな交渉で権力や権謀術数を駆使して勝利を得ることではなく、いかにレベル2の価値交換型、レベル3の価値創造型へ交渉のレベルを上げていくかということです。交渉のプロフェッショナルとは、ハードな交渉に勝つことではなく、次元の低い奪い合い型の交渉から抜け出し、交渉の次元を上げていく術を実行できる人です。

交渉ではときとして相手に出し抜かれる恐怖、不信の哲学が、ゲーム理論でいう囚人のジレンマを引き起こします。それを乗り越えるためには、双方が仁の精神を発揮し、信頼関係を高め、互恵関係をつくる。そしてさらに互いの利益を超えた共通の志を見出し、良心に従い、協働していく関係をつくっていく必要があります。

こうした交渉を実現させるためには、そのベースとして、他者や社会との関わり方を考え、自身の生き方に信念、軸をもつことが大切です。軸がなければ、相手の出方次第で自らの在り方は歪んでしまいます。また、自らの在り方が歪めば、他者からの信頼も低くなり、価値創造の段階の交渉を実現することはむずかしくなります。

加えて双方が自らの良心を発現し、恥を知り、自己中心から互恵、互譲へ態度を変革することが重要です。そうした姿勢を地道に貫いていくことが他者を巻き込み、高い次元の交渉を実現させていくことにつながります。

最後に価値創造型交渉の事例として紹介した渋沢栄一の真の交際法についての言葉を記載し、本章の締めくくりとします。

「いわゆる交際下手な人でも、至誠をもって交われば、必ず相手に通ぜぬということはない。巧妙にしゃべっても、心に至誠を欠いての談話なら、相手をして軽薄と感ぜしむるほか、なんら効果もないものである。ゆえに余は、交際の秘訣はだれ一片の至誠に帰着するものであるといいたい。

もし人に対したとき、偽らず、飾らざる自己の衷情を流露し、対座の瞬間においてまったく打ち込んでしまうことができるならば、それは百の交際術、千の社交法を用いたよりも、遥かに超絶した交際の結果を収得することができようと思う」

交渉学の実践と応用①

協創を目指した「コンフリクト・マネジメント」を！

早稲田大学紛争交渉研究所招聘研究員　鈴木有香

コンフリクト・マネジメントとは？

コンフリクト（conflict）という英語は、日本語で「紛争」「争い」「対立」「衝突」「葛藤」など、さまざまに訳されてきました。それは、この研究分野が学際的な領域で、それぞれの専門分野や学派によって多様なアプローチがなされてきた経緯があるからです。コンフリクトの対処方法のひとつである「交渉」に特化して研究テーマとし、学問分野と考えると「交渉学」も広い意味ではコンフリクト・マネジメントの一部といえるでしょう。

さて、コンフリクトは利害や価値観の対立している状態と定義されることが多いのですが、ここでは「いま」という状態を切り取って分析していくという意図からコンフリクトを「当事者同士の現在の願望が同時には達成されないと思い込むこと」とします。

現時点ではコンフリクトは、「静止した状態でなく、時間の経緯によってすべてが変容している」視点が取り入れられてきており、「コンフリクトとは相容れない行動の認知——違い——によって影響を受ける相互関係のプロセス[ii]」、「認知の齟齬[iii]」というより幅広い定義もあります。この定義は当事者の認知の変容から関係性の変化を目的とするようなコンフリクト解決において、非常に重要な視点です。

「コンフリクト・マネジメント」についても研究領域やその進歩に応じて、「紛争解決」「対立解消」「紛争処理」「紛争管理」という用語が用いられています。ここではコンフリクト状況に合わせて当事者が主体的にかつ適切に手立てを講じるという意味で、「コンフリクト・マネジメント」という訳語を使用していきます。

ここでは「協創（ウィン・ウィン）」を導くための「協調志向」を基礎とした話し合いのモードとしての「対話（ダイアログ）」と「協調的交渉モデル」を概観し、さまざまなコンフリクトに潜む「世界観（メンタルモデル）」の問題を解説します。そのうえで交渉時に考慮すべきコンフリクトの性質をリストアップし、効果的なコミュニケーション・スキルを紹介していきます。

協創を導く「協調的志向」

変化するコンフリクト状況で要求されるストラテジーを使える人が満足を得る結果を導けます[iv]。さまざまなストラテジーを適切に使え、協創（ウィン・ウィン）を導く前提として協調的志向があります。

協調的志向がコンフリクト・マネジメントに与える影響は、『紛争の心理学』の著者でコロンビア大学ティーチャーズ・カレッジのモートン・ドイッチ名誉教授の理論が根幹をなしています。まず、彼の最近の著作[v]からの知見を紹介します。

協調と競合の本質を理解する

　ドイッチの紛争解決理論の大きな柱は、コンフリクトを相手と自分の「勝ち・負け」という競合的な視点でとらえるのではなく、相手と自分の関係性を重視しながら、協調的な視点からのアプローチが真なる問題解決の道を拓いていくというものです。なぜなら、後述する世界観（メンタルモデル）としての協調的志向が個人の認知、交渉への取り組み方、解決案の創出に影響を与えるからです。

　ほとんどのコンフリクトは、協調的要素と競合的要素を含みつつ複雑な動機と関連しているので、単純に割り切ることはできませんが、協調と競合の本質を理解することは私たち自身の交渉のプロセスや結果に見通しを与えます。ここでは解説を平易にするために、協調志向と競合志向を比較したものが図表5になります。

話し合いを基本に「対話」「討論」を考える

　協創（ウィン・ウィン）を導く交渉の前提は、コンフリクトに対して協調的志向で臨むことですが、「交渉」というと、議論を戦わせるディベートのようなイメージをもたれる方が多いようです。しかし、協調志向の人は「討論（ディベート）」よりも「対話（ダイアログ）」の重要性を理解し、実践します。話し合いのモードを「場の雰囲気」や「必要性」に応じて柔軟に変化させていくのです（図表6）。しかし、競合志向が強いと、「討論モード」に陥りやすくなります。

「対話」とは「自らの判断を保留してできごとや意味を率直に語り合い、探求していく結果、新し

図表5 協調志向と競合志向

	協調志向	競合志向
コンフリクトのとらえ方（目標）	当事者双方にとって満足のいく解決方法を創出する状況	相手と「勝ち負け」を争う状況
人間関係	協働関係　（パートナー）	敵対関係　（ライバル）
注目する点	相手の言動の肯定的側面、相手のニーズ、価値観や信条について共有できる点	相手の言動の否定的側面、相手のニーズ、価値観や信条についての異なる点
他者のニーズ（関心／利益）に対して	承認、リスペクト、エンパワーメント	無視、妨害
力 (power)	双方のパワー（知識、スキル、リソースなど）が豊かになることが目標達成を円滑にする	自分のパワーを強め、相手のパワーを弱めることが自分の目標達成を円滑にする
正当性	自分の賛否は別にして、相手の主張を理解しようとする	自分が正しく、相手の意見は自分への挑戦、脅威である
ストラテジー	双方の努力の調整、支援、承認	強制的方法（心理的、身体的暴力を含む）
コミュニケーション	双方の情報共有を促進するための率直で誠実な行動。傾聴、自己開示、「対話モード」	自分が有利になるために、攻撃的な自己表現、ご機嫌取り、嘘などを使用　「討論モード」
予測される結果	双方の協力に基づく満足のいく解決案を創出	どちらか一方が不満足な結果、またはコンフリクトが拡大し、双方にとって不満足な結果

図表6　話し合いの3つのモード

特徴	討論 ディスカッション／ディベート	会話 カンバセーション	対話 ダイアログ
実施の前提	・正しい答えがどこかにある ・自分が正しい答えをもっている	・特に前提はない（適当なおしゃべり）	・自分にわからない何かを他者がもっている ・対話の中で、わからない何かが現れる
目的	・相手を自分の主張に同意させること ・結論を導くこと	・社交関係性の維持 ・惰性、習慣	・気づきを得ること ・共通の認識・基準をもつこと ・新しい何かを生み出すこと
有効な状況	・明確な選択肢があり、評価・判断してベストなものを選ぶとき	・雰囲気をなごませたいとき ・時間つぶし ・日常生活のルーティーン	・意味や状況についての共通理解を得て、集団内の一体感を高めたいとき ・だれも正解がわからないとき
態度・配慮する点	・相手が間違っている点を探し、自分の正しさを立証する ・話を聞きながら、反論を考える ・落としどころを模索する	・話の内容が参加者の思いつきの話題に左右される ・続ける、途切れないに意味がある	・相手の言葉だけでなく、背景・感情を理解しようとする ・相手の良い点、強みや価値を引き出す ・沈黙にも意味がある
結論	・自分の主張、あるいは妥協点に着地する ・論点を整理したうえで、次回に持ち越す（次のディスカッションへの土台形成）	・特にない	・新たな視点、切り口、選択肢を見出す ・心から納得できる合意形成 ・参加者全員の未来につながる集合知の出現
志向性	競合志向 ←→ 協調志向		

い意味、知識、行動などが創出されるプロセス」のことです。ですから、交渉過程で情報共有がされれば、当初の意見や考えが変わることは当然と考えられます。

現代の「対話の概念」を再定義したデビット・ボームは対話の目的は議論に勝つことでも分析することでもなく、メンバーそれぞれがもつ意味の共有であると解説しています。意味の共有こそが、「社会とは人がともに暮らせるように、人々と制度を結びつけるものだ。しかし、社会がうまく機能するのは、文化が存在するときだけである――そこに意味の共有が含まれている。すなわち、意義や目的、価値を共有することである」と、主張しています[vi]。この「社会」を私たちの所属する「部署」「チーム」「職場」「クラス」と置き換えてもよいでしょう。対話をするときに配慮すべき点は、①安全で居心地のよい場をつくる、②対等な人間関係、③自分の意見、気持ち、背景的事情を率直に話す、④判断を保留して、相手の話の背景的事情、思考プロセス、言語化されていない気持ちを探求する姿勢で聴く、⑤沈黙を歓迎する、などがあります。

自分自身の固定観念を手放したとき、深い意味の流れを感じ、多くの気づきを得ることができ、それが協創へのリソースになります[vii]。

問題解決のための「協調的交渉モデル」

ドイッチの紛争解決理論を基礎にエレン・レイダーとスーザン・W・コールマン[viii]が作成したものが「協調的交渉モデル」です。異なるニーズ・インタレストの両立に焦点を当てた問題解決としてのハーバード流交渉術（原則立脚型交渉）に、「世界観（メンタルモデル）」という要素が加味されており、心理的、文化的影響が考慮されています。今日ではむしろこの「世界観」の問題が、大きく取り上げられるようになってきました。

なぜなら、グローバル化にともない、文化の多様性（ダイバーシティー）が顕在化しやすくなり、各個人が信じている「正しさ」の不一致がコンフリクトの核心ではないかというアプローチが広がってきているからです。それもあって、世界観にかかわる当事者の現状認識のストーリーの変容をうながすコンフリクト・マネジメントの手法が注目されています。

問題を整理し、見通しを立てる

協調的交渉モデルでは、交渉に影響を与える6つの要素が紹介されています。

交渉は刻々と変化していく話し合いのプロセスであることを前提にして、問題を整理し、見通しを立てるツールとして分析視点です。外交問題、ビジネス交渉など当事者のニーズ／インタレストが明確である場合の問題解決で注目する点は、立脚点（ポジション）とニーズ／インタレストになります。

しかし、価値観、深い感情、複雑な人間関係などの問題は世界観（メンタルモデル）を理解し、その変容や新しい文化の創出という点からコンフリクトにアプローチする必要があります。

①ぶつかりあう主張「立脚点（ポジション）」

「立脚点」は、当事者が行う表層の主張で相手の主張と対立する点です。当事者の視点から事実の主張、あるいは自分の相手への要求や非難という形で表明されます。

「事前に課長に伝えました」

「いや、聞いていない」

図表7 協調的交渉モデル

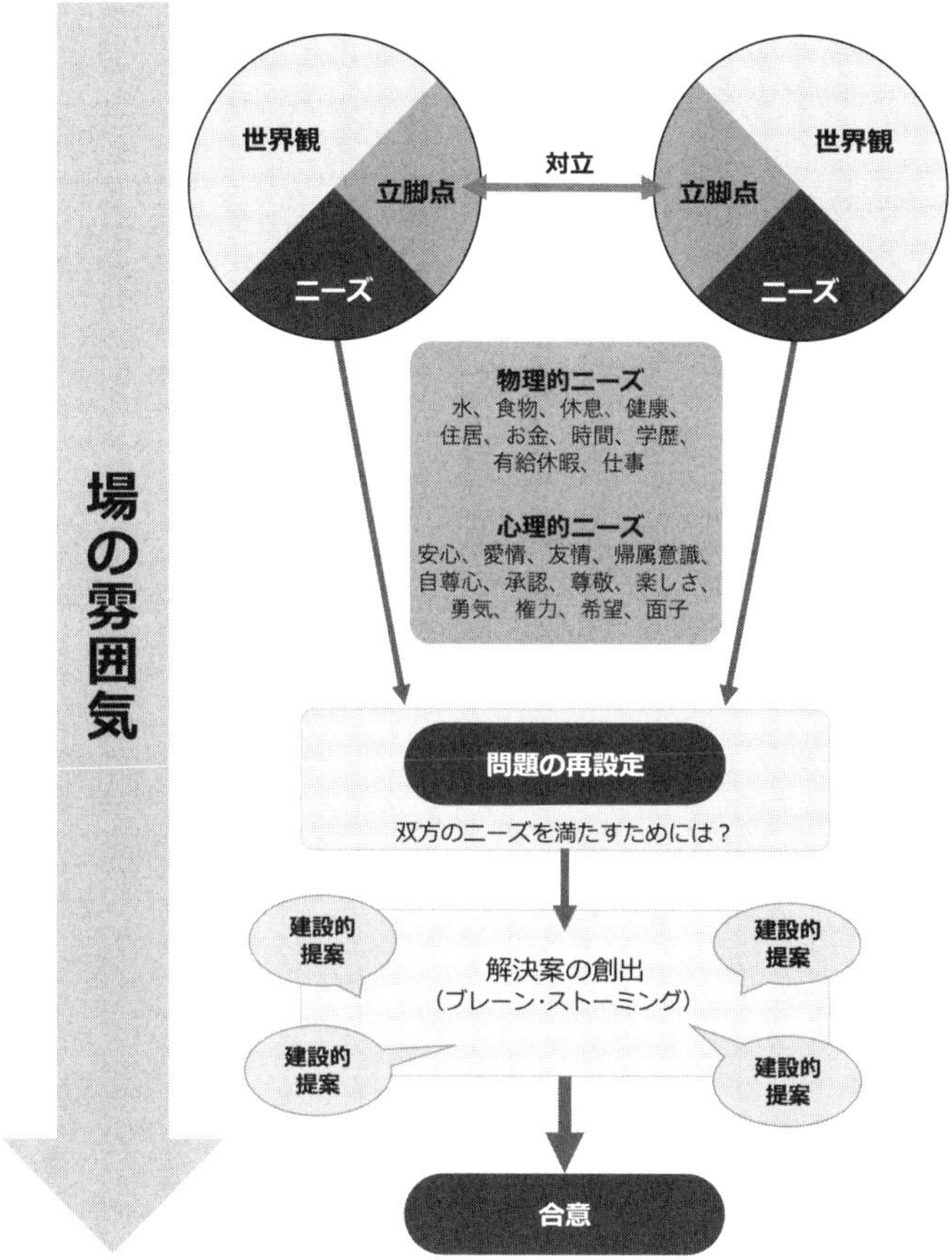

「あなたって、最低！　離婚します」

「そんなことというなよ」

　交渉中、当事者間の共通認識が広がることで立脚点は解消されたり、ニーズと結びつき、より深い問題と関連していくこともあります。また、自分のいい分を押し通すために相手を否定したり、攻撃を加えたりすると、対立が激化して話し合いの方向が世界観の対立へ向かいます。

　大切なことは同意せずに相手の主張を理解し、その背景的事情に思いを馳せ、情報を収集していくことです。

② 対話モードでニーズを探る

「ニーズ」あるいは「インタレスト」と呼ばれるものは、当事者がその立脚点を取る背景にある利害、関心、本当の欲求、深い思い、本当に実現したいと望んでいることです。あらかじめ当事者が自分のニーズを把握しているというより、話し合いの過程で次第に気づき、あるいは変容していくため「潜在的ニーズ（underlying needs）」と呼ばれることもあります。

　ニーズは物理的なレベルから心理的なレベルまで重層構造になっています。話し合いを通じて、お互いの立脚点の根底にある真のニーズの探求が問題解決の足がかりになります。

　なお、ひとつの立脚点に対し、ニーズが複数存在することがあります。たとえば、離婚したいという妻のニーズは、「夫に家事・育児を手伝ってほしい」「睡眠時間を確保したい」「実家の両親に配慮してほしい」「ふたりでゆっくり過ごす時間がほしい」など、さまざまな理由があるかもしれません。

　どんなニーズがあるかは交渉前にある程度、相手の立場にたって推測することは可能です。交渉

図表8 問題の再設定

	部下	課長
立脚点	事前に伝えた	聞いていない
ニーズ	①責任転嫁しないでほしい ②社内評価を下げたくない ③信頼できる上司であってほしい ④同じような失敗をしたくない ⑤よい仕事をしたい	⑥責任をとりたくない ⑦社内評価を下げたくない ⑧上司としての面子を守りたい ⑨同じような失敗をしたくない ⑩よい仕事をしたい

<問題の再設定>　双方のニーズを満たす問題設定	
A)　社内評価を維持するためにはどうしたらよいか? B)　再発防止する C)　部下と上司の関係性を改善する D)　業務の質を高める	するためには どうしたらよいのか

中に対話モードを取ることによって自分と相手のニーズを確認し、「情報共有」と「共通認識」を促進することが重要です。

③両立可能なニーズを結ぶ問題の再設定

解決すべきことは相反する立脚点をめぐって対立することではなく、当事者双方のニーズを満たすことです。お互いのニーズがリストアップされると、両立可能なニーズの存在に気づくことができます。双方の両立可能なニーズを結びつけることで、新たに取り組むべき問題を設定する段階を「問題の再設定」といいます。

たとえば、「オレが責任をとるから、思いっきりやってくれ」と日ごろ部下にいっている上司が、いざ問題が起きると「そんなことは聞いていなかった」と、責任回避に躍起になってしまうことがあります。

このようなときは、前ページの図表8のように、双方のニーズを分析し、整理することで解決案をつくる方向性が明確になり、それに関するさまざまなアイディアを出し合う段階に入ることができます。

④建設的提案で解決策を練る

ウィン・ウィンのための建設的提案は、新たに設定した問いに対して解決案を練り上げる段階です。数多くのアイディアを自由に提案し、検討していくブレーン・ストーミングを行うステップにすすみます。

たとえば、「安易にオレが責任を取るといわないようにする」「定期的な進捗状況の報告を徹底する」「月に1回、課長と差しで飲み、意見交換する場を設ける」などが建設的提案ではできます。

こうしたアイディアの中でも、交渉相手のニーズを満たすために、こちら側からその案を提示することを「建設的提案」といいます。建設的提案が多いほど、クリエイティブで質の高い解決案が生みだされ、合意に到達しやすくなります。

しかし、自分がよかれと思って提案しても相手のニーズとマッチしていない場合は建設的提案にはなりません。上司が、「毎朝、部下にやるべきことを詳細に指示する」と提案しても、部下が「それだと、やる気がそがれてしまう」と感じるのであれば、建設的提案にはなりません。提案を受け取る側が、その価値を認めたときに有効な手段となりうるのです。

⑤交渉プロセスに大切な環境設定

交渉が行われる「場の雰囲気」は、話し合いの場の環境や当事者同士の言語・非言語コミュニケーションから醸し出されてくるものです。場の雰囲気は刻々と変化し、交渉当事者の心理と行動に影響を与えます。協調的交渉はウィン・ウィンを目指す、クリエイティブな話し合いです。そのためには交渉メンバーがお互いを尊重し合い、腹蔵なく語り合える環境設定が重要な準備になります。

交渉前の準備段階で場の雰囲気に影響を与えるものとして、場所、部屋の選択、広さ、明るさ、温度、家具・調度品、席順、時間設定、服装などがあります。2社間の対等な交渉を行う場合、ホームかアウェーかという場所の選択がメンバーに心理的影響を与えます。また、ブレーン・ストーミングのときに、話し合いの場で役職順の着席、正しい敬語の使用やマナーの型に意識が向くならば、残念ながら創造的なアイディアは生まれにくくなるでしょう。

そこで交渉中は、なごやかな雰囲気であるのか、緊張感に満ちているか、場の空気が話し合いの目的に合致しているか、などと優れたネゴシエーターやミディエーター（調停者）は知覚し、必要な介入を行います。初対面同士の緊迫した雰囲気を温める「アイス・ブレイク」、参加者全員が目的にそってふるまえるように「目的とグラウンドルールを確認する」、ヒートアップした議論や堂々巡りの雰囲気を変えるための「休憩をとる」など、場の雰囲気をリセットするための手法が、さまざまあるのです。

⑥「ものの見方」を決める世界観

「世界観」とは、各個人がそれぞれにもつ「世の中はこういうものだ」と心の中に染みこんだイメージやストーリー（仮説）のことで、「ものの見方」を決定づけます。それらは文化的背景、個性、人生経験、教育、年齢、性別などに根差して後天的に獲得されるものです。「メンタルモデル」[x]「認知フレーム」[xi]「価値観」[xii]といった用語で説明され、外界からの情報の取捨選択、意味づけ、推測、判断、行動に影響を与えます。

ここで質問ですが、あなたは「妻が夫より稼ぐとトラブルが生じやすい」[xiii]と思いますか。「普通、そんなもんだろう」「やっぱり家族を養うのは男性よ」と思っているのであれば、それがあなたの「世界観」の一部です。

ちなみに我が家のことをいえば、母の方が父よりも年上で学歴も高く、収入も多く、子どものことより夫婦で過ごす時間を大切にしているような家庭でした。

一方、昭和のバブル期の女子大生の婚活の常識は、「三高（高学歴、高収入、高身長）」で、その観点から男性を値踏みする「女子会トーク」に私自身は違和感をもっていました。また、当時の就活での会社選びの理由が「やりがい」ではなく、「条件のいい男性が多いから」という理由が一部の女子にあることも、そのときはじめて知ったのです。

このように同世代、同性、同学歴のような共通項をもつ人たちでも異なる世界観があり、恋人選び、婚活ストラテジーが異なってきます。

専業主婦で家事を完璧にこなす母親に育てられた男性が、バリバリ企業で働く妻に「今日の皿洗いはオレがやってあげるよ」と、なにげなくいったひと言が妻の逆鱗に触れました。「そのいい方からは家事に対する責任が感じられない。同じように働いているのに、上から目線の『あげるよ』とは何よ！」というのが妻のいい分でした。しかし、そういわれた夫は、妻の言葉が理解できません。これも、世界観が異なるからです。

世界観は自分にとって普通で当たり前のことで疑うべくこともない暗黙の仮説です。それは無意識のレベルに潜み、なんらかの刺激で浮上してきます。しかし、相手も自分の世界観を正しいと信じているので、理解が困難なことが往々にあります。

このように世界観が衝突すると、交渉が討論モードになる傾向があり、問題解決がむずかしくなります。なぜなら、人は自分の正しさに意識的に、あるいは無意識的に固執するようになり「この点に関しては譲れない」と、妥協できなくなってくるからです[xiv]。

協調的交渉モデルでは、相手の世界観を否定せずに理解につとめ尊重していくことを処方箋として提案しています。

しかし、社会の中の多様性が顕在化している今日、世界観の対立がコンフリクトの争点になり、協働作業をむずかしくしていることがよくあります。

「異なる世界観」と共存するために

同じ集団のメンバーは似たような世界観をもち、似たような行動をとる傾向があります。そこには何らかの文化が存在します。文化とは「集団のメンバーが共有している生活様式の総体および価値観、思考、信条体系」のことです。

ピーター・センゲ[xv]は今日の企業が成長していくためには、「組織メンバーが共有している会社や市場、競争相手に関する『常識』『認識』『思い込み』のかたちをとったメンタルモデルを変えていくこと」が不可欠だと主張しています。

企業文化の変化のためには、その構成員の一人ひとりの世界観も変化する必要があります。そのために私たちはダイバーになり、自分の世界観を自覚し、相手の世界観の理解に努め、共通の目標を意識しなければなりません。

「共通認識」を言語化する

図表9を見てください。自分が立っている島（企業文化A）から相手を見ることができるのは、陸地の部分の一部だけです。その中から違うと観察できるものに気がつきます（観察可能な文化・企業文化B）。たとえば、言語、組織構造、服装などがあります。

「『トヨタの技術者はメカ屋。ビジュアライズすることにプライオリティをもっている』

品田さんのソニー語を訳すと、『トヨタは初めに視覚化ありき、これに対し、ソニーが具体化するのは最後の段階である』[xvi]」。

所属する企業や職種が異なると、同じ日本語でも意味が通じ合わないことがあります。なぜなら、それは水中に沈む「世界観（メンタルモデル）」の「意味」が見えないからです。相手の「世界観」を知るには、自らが海に飛び込む必要があります。自らの行動を変え、相手の深い部分を探求し理解すると、新しい気づきや納得感をえられます（そのとき人は「ああ！」と深い声を出すような身体的反応をともないます）。

さらに深く潜ってみると、海底に到着します。ふたつの島はつながっていたことを知ることになりますが、それが「共通認識」「共通の目標」、あるいは「共有ビジョン」と呼ばれるものです。こうした両文化のメンバーがそれらを意識して行動することで、ウィン・ウィンの結果を導くことが容易になります。そうして部署や会社が異なっても、協同プロジェクトチームとしての新しい文化Cの島がつくられていきます。

さまざまな不一致があっても言語化されなけれ

図表9　文化の島とダイバーの図

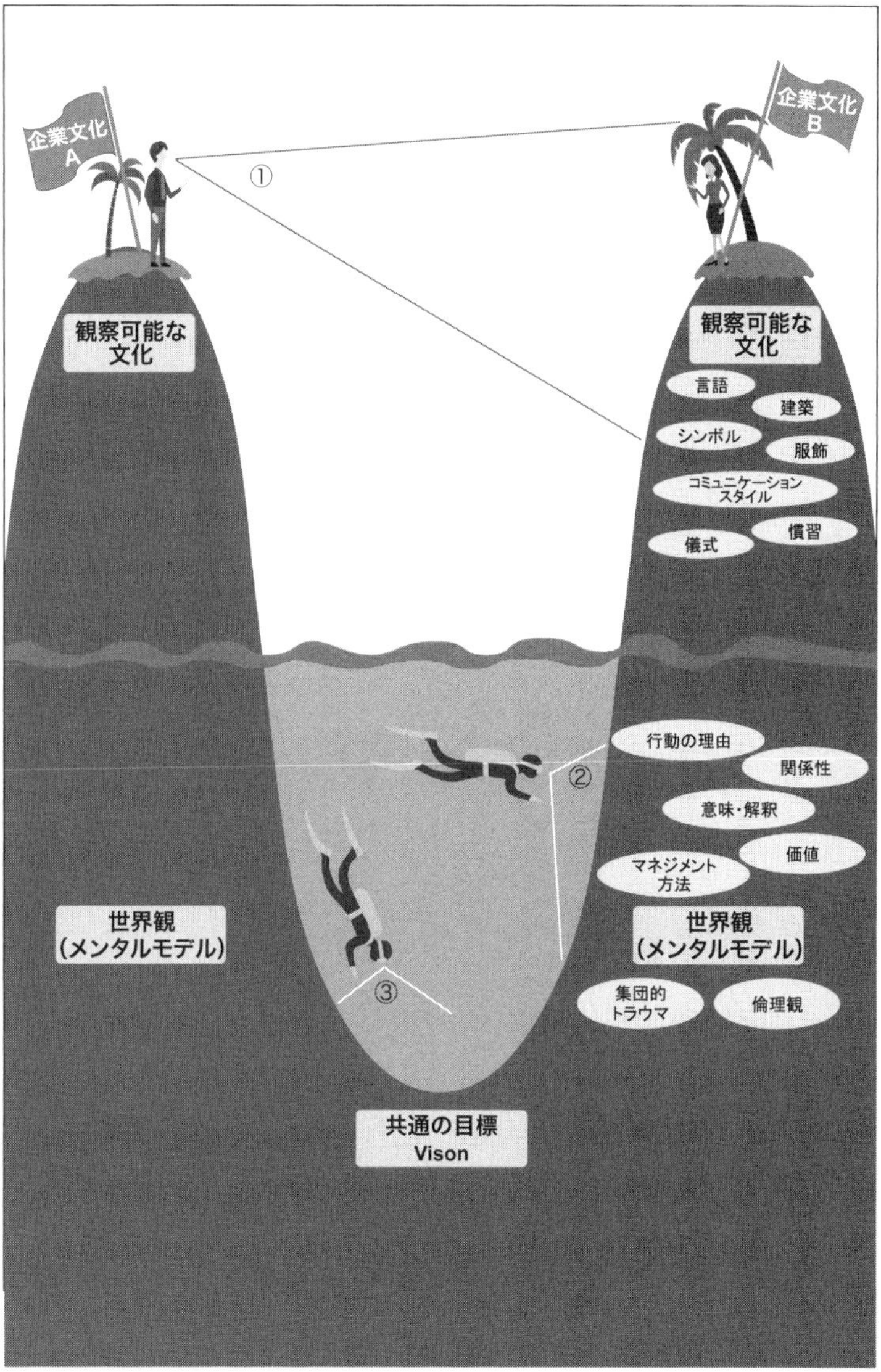

ば、コンフリクトは顕在化しません。そしてコンフリクトの顕在化は、相手をより深く理解し、お互いの共通認識、ビジョンをつくるチャンスになります。最初は討論モードであっても協調志向を継続していくことで、対話モードに移行し、相手に対する深い理解や情報共有が促進されることで、新しい何かが生み出されます。それが「協創（質の高いウィン・ウィン）」なのです。

変化することを前提にする

観察可能な文化差は、協同作業の初期段階から違和感があるものとして気づきます。その段階になったときに、相手に教えを乞うつもりで質問することです。

一般的に人は自分の文化を説明し、教えることをうれしく感じる傾向にあります。そこを意識して行動すれば、対立する前にさまざまなニーズや相手の世界観を理解する背景的情報を引き出すことができます。それでも意見が異なる場合は、明確に言語化して早期に立脚点を提示して、コンフリクトを顕在化させます。この時間が遅くなるほど問題が大きくなり、対立が激化する傾向にあります。

私見ですが、謙遜、我慢、集団に価値をおく日本文化では、相手に不満や違和感があってもその場で、すぐに言語でフィードバックしないことが多い[XVII]ようです。そのため相手が気づかないままに一方は否定感情を募らせ、言語で主張したときにはすでに、感情的しこりが深刻化していて、話し合いが困難になるという日本的なコンフリクトの形があるように思います。つまり、この日本的美徳と考えられている「不幸せな我慢」が、コンフリクトを悪化させているのです。

もし、世界観レベルの対立、不協和音があるときは、同意ができないにしても相手の世界観の存在を明確に、言語で承認、理解を示すことです。そのうえでお互いの共通の目標、ビジョンを描き、あるいはしっかりと再確認し、その方向を目指して、お互いが行動を変化させ、調整することです。

交渉や合意形成では、「変化」を前提にして考える必要があります。特に、感情は何らかの刺激で急変することがあります。

また、一般的に認知の変容には、時間がかかります。それは認知という脳内の情報処理システムは、生得的なもの以上に個々人がコミュニティの中で長年経験し、学習されていくもの[xviii]であるからです。私たちは自分の文化集団の規範を内面化しているため、無意識に異なる文化の常識を非常識ととらえがちです。こうした認知の齟齬をさまざまな関係でみることができます。

・よかれと部下を注意した上司が、パワハラと訴えられる

・規則通りの対応をしたのに、顧客から苦情をいわれる店員

・患者の死を前に取り乱さないようにふるまったら、「冷たい」と非難された看護師

・最大の慰謝料を勝ち取ったのに、「離婚なんて望んでいなかった」と責められる弁護士

・生徒のために時間も体力も金銭面の負担も顧みず、部活指導をしていたのに「それは体罰ですよ」と保護者に責められる教員

なお、認知の齟齬を意識して、コンフリクト・マネジメントに取り組む際に、知っておくべき点をいくつか列挙しておきます。

①コンフリクトは時間の経過とともに様相が変わる。顕在化が遅れると問題が拡大し、解決が困難になる傾向がある。

②世界観の違いによって、当事者の一方がコンフリクトの原因を理解できないことがある。[xix]
③あるコンフリクトが、他の場面や人間関係に作用をおよぼす可能性がある。
④言語メッセージと矛盾する身体メッセージ（非言語コミュニケーション）がある場合[xxi]、人は身体メッセージを優先的に受け取る。あるいは自分にとって、都合のよい方の意味を受け取る傾向がある。
⑤発言者が伝えたい意図や意味が受け手の解釈と同様ではない。つまり、「相手を傷つけるつもりはなくても、相手が傷つく」のは、当然のことである。
⑥受け手は自分の世界観から相手のコミュニケーション行動を瞬時に解釈し、判断し、次の行動を選択する。
⑦相手の傷つく原因（地雷）は、相手の世界観によるものである。傷ついた相手が必ずしも被害者とは限らない。
⑧コンフリクトが顕在化する前に当事者同士の中で観察可能な文化レベル、世界観レベルのさまざまな不一致、違和感が蓄積されており、その不一致がすぐには言語化されていないことがある。「沈黙」にも多様な意味がある。

「コミュニケーションスキル」と「型のつくり方」

繰り返しますが、協調的志向が強まれば、無意識のうちに協調的交渉や対話モードに必要な態度やコミュニケーション・スキルが表出されます。また、とりあえず協調的コミュニケーションのための型を知り、その型を繰り返していくと心の部分にまで到達することもあります。

そこで3つのコミュニケーション・スキルとそ

の型のつくり方を紹介することにしますが、毎日、このスキルを意識的に使い、周囲の反応やコミュニケーションの流れを観察し、内省すれば、さまざまな肯定的変化が生まれてくるはずです。

判断保留で深く理解する

「『選択は生物の本能である』[xxii]。しかし、人間は常に合理的判断をくだせない」[xxiii]ことを私たちは、うすうす気がついているのではないでしょうか。

大切なことは自分の判断が正しいわけではないと自覚して、相手と上手にかかわっていく態度を身につけることです。

これを「判断保留」といいます。「判断保留」は相手の言動に対して即座に反応したり、決めつけたりせずに、相手をより深く探求してかかわっていこうとする態度のことです。

部下が「いいですよ」といったとき、即座に「同意された」と感じたとしたら、それがあなたの判断です。「私は部下に同意された」という判断をを自覚し、それを頭の隅において、「本当だろうか。もう少しかかわってみよう」と考えるようにしてみましょう。

すると、別の考えが生まれてきます。それを質問という形で行動に移すようになります。たとえば、「本当にいいのかな?」と、相手に質問をすることになるかもしれません。あるいは、部下の表情をしっかり観察するかもしれません。それによって顔がこわばっていることに気がつくこともあります。

そんなときは、「了解してくれているように思うけど、そうじゃないようにも感じるけど……」と率直に尋ねてみることです。そうすることで、部下からさらなる情報を得ることができますし、相手へのより的確な理解が深まります。

パラフレーズで感情を和らげる

　相手の話したことを自分の言葉に換えて正確に相手の話の意味を理解しているか確認する方法をパラフレーズ（言い換え）といいます。相手が「そうです」といえば理解していることになりますが、もし、理解が間違っていたとしても相手は自発的に言い直すか、さらにわかりやすく説明をしてくれます。パラフレーズには、「同意、賛成」するという意味はありませんが、パラフレーズをされた人は、「相手が自分を理解しようとしている」と感じ、尊重された気持ちになります。

　ところで、パラフレーズは焦点の置き方によって「内容レベル」と「感情レベル」に大別できます。相手の表情や声のトーンなども察して、その上で相手が一番伝えたい意味に焦点を当てると、相手は「理解された」と感じ、あなたに対する信頼感を強め、さらなる自己開示をする効果があります。

　さらに感情的になっている相手の気持ちを和らげる効果もあります。相手の声のトーンに合わせると効果的です。長い話をまとめることは「要約（サマライズ）」といいます（次ページ図表10参照）。

リフレイミングして世界観を広げる

「いいも悪いも本人の考え次第[xxiv]」というシェークスピア劇のセリフは、リフレイミングの本質をついています。

　私たちは自分の世界観の窓からできごとを選択し、解釈し、判断しています。その窓を変えることによって新たな意味や考え方を見出し、相手に影響を与えることができます。

図表 10　パラフレーズ例

同僚A：営業の奴、いきなり仕様を変更しろといってきて、お客の要求ばかり飲んでいい顔しているけどさ、こっちが過労死したらどうしてくれるんだよ!!

同僚B：突然の仕様を変更頼まれて、マジむかついているんですね。
＜内容＞　＜感情＞

同僚C：営業にエンジニアの苦労をわかってほしいんだね。
＜感情　（ニーズに焦点をおいて）＞

図表 11　リフレイミング例

①否定的な単語を肯定的な単語で表現する

A：最近の若い人は常識に欠けて、マナーもなっていない。

B：既存の概念にとらわれていないんですね。

②ピンチをチャンスに変える。（できごとの肯定的側面に注目する）

A：残業が減って、収入が減ってしまうよ。

B：まあ、自分の時間は増えますよね。

③質問で相手の焦点や思い込みを変化させる

A：こんな部署に異動させられるなんて、最低で最悪！

B 1：何と比べて最悪なの？（比較基準を変える）

B 2：日本中で最低最悪な人はAさんですか。（空間を広げる）

B 3：たとえば、2年間その部署にいたら、何が得られると思いますか。（時間軸を広げる）

B 4：経営陣の立場から見ると、今回の異動の意味は何でしょうか。（視点を変える）

たとえば、物事を否定的にとらえている人に、肯定的な側面を注目させることができます（図表11参照）。

「自分流」解釈で枠組みを広げる

「人間はとかく自分流にものごとを解釈し、本来の意味とはかけ離れたとりかたをするものだ[xxv]」。ということを理解して、日々の交渉に臨んでみてください。

ここを理解していれば、事前準備の交渉分析の枠組みにとらわれ、交渉中に変化しているものを見落とし、相手の伝達意図とまったく異なる意味を勝手に自分の脳内で構築してしまう危険性を軽減することができます。

また、協調志向が自分にとってごく自然に当たり前のものになればなるほど、場に応じて適切な判断と行動が無意識レベルでできるようになります。

その第一歩が「自分自身」の世界観を知ることです。そして、ご自身が学んだことを絶えず、意識して使い続け、内省し続けることです。

鈴木有香（すずき ゆか）

早稲田大学紛争交渉研究所招聘研究員
成蹊大学法学部政治学科卒業後、米国コロンビア大学ティーチャーズ・カレッジ国際教育開発プログラムにて修士号を取得。上智大学大学院文学研究科教育学専攻博士後期課程満期退学。ヴァンダービルト大学講師、カリフォルニア州立大学サンタバーバラ校講師を経て、現在、早稲田大学紛争交渉研究所招聘研究員 。主な著書として、『交渉とミディエーション』（三修社）『人と組織を強くする交渉力』（自由国民社）『漫画異文化手習い帳（共著）』（文化庁）文部科学省検定教科書『On Air Communication I（共著）』（開拓社）。

交渉学の実践と応用②

「グローバルマインド」と「異文化コミュニケーション」

拓殖大学商学部教授　鄭　偉

「異文化の他者」に対して求められるもの

日系企業のグローバル化と海外進出による赴任者の派遣は、すでに国内転勤などのローテーション感覚で日常的な風景になっています。それにともない海外赴任者向けの研修教育は、管理経験のあまりない若手赴任者の増加と相まって、これまでより件数が増え続けています。

さらに、グローバル化を目指す企業は、海外で人材を育てようという目的意識を基に海外研修制度を導入しています。海外において異文化の他者と働く経験をもつための短期的トレイニー派遣や次世代グローバル・リーダー育成のための中間経営幹部の派遣を、まずは若手社員に経験してもらうという傾向も増えつつあります。

また、送り出すだけではなく、受け入れるという側面から見ても、組織の多様化を背景に国内の職場に外国人社員を増やし、日本の大学を卒業した留学生だけでなく海外の大学から優秀な人材を直接採用することが増える中で、こうした人材に対するる日本のビジネス文化やコミュニケーションの理解と適性を高めるための研修。また、受け皿として受け入れる側の「異文化の他者」の指導と教育にあたる上司・先輩・職場の同僚に向けた研修など、実にさまざまな研修が行われています。

グローバル人材育成は、グローバル化の流れの中で、企業側のニーズと参加者の変化と、その時代の文脈の変化によって少しずつ進化していくものです。

たとえば、若手参加者の場合は学生時代からの海外経験が豊富で海外に慣れている場合が多く、英語や現地の言語のレベルも高い傾向が一般的にあげられます。しかし、一方で、管理経験や対人コミュニケーション力などの評価がやや低く、現地人社員から「前の赴任者の方がよい」とされることもしばしば耳に入ります。

研修は多様多種あるとはいえ、異文化研修の共通項目としては、グローバルビジネスに対応できるグローバルマインドと、多様性と異質性の環境に対応できる文化対応力があげられ、それに関連するマインド・知識・スキルの習得が研修の根幹であると考えられます。

また、企業とその海外展開の規模と段階によってバラつきがあるものの、異文化と名のつく研修の現場においてしばしば上げられる懸念事項は、大きくまとめていくと、次の通りになります。

課題はステレオタイプからの脱出

ステレオタイプ化に陥らないものがよいとされます。「○△人はこういうものだ」という表現は、常に変化する世界の現状が反映されないので、納得感がいまひとつ低くなります。ステレオタイプ化につながりやすい異文化教育は、語学教育の延長・経験者のノウハウ伝達・文化比較型学習の3パターンに分けられます。

語学研修の付属品として扱われた異文化教育は語学の後に回され、「○国・○△人」というレッテルを貼った表面的な文化的情報やつきあい方などのパッケージにすぎないものがほとんどです。

このような内容ならば、多くのネット情報で十分であると考えられます。また、現場を重要視する日系企業の場合は、経験者が語るノウハウ型研修が多く導入されており、経験者のベテランに語ってもらうことが実務・経験に基づいた実用性が高く信用できるものと考えられています。

しかし、いくら優秀な経験者とはいえ、過去の経験に基づいた1社1個人に限定されたノウハウは、役に立つ側面もあれば、そこに自ずと限界があるともいえます。

また、文化比較型の異文化コミュニケーション研修のプログラムの中身を見ると、他者の習慣・価値観・行動パターンなど、主に文化相対主義に基づく文化的差異について比較する内容になっています。研修の形式は講義以外に、異文化コミュニケーションを模したロールプレイ、コンフリクト・問題解決のケース分析、コミュニケーション力を強化するワークなどの導入で、経験者が語る研修に比して応用の範囲が広がります。しかし、根本的には「日本」対「他者」という二元論による「文化差異」についての理解であり、ビジネスにおける多様性に対応できる形にはなっていないと考えられます。

さらに、複雑性と多様性の特徴をもつ現実問題を、あまりにも単純に片づける傾向が強いため、ステレオタイプを生み出したり、参加者の他者理解に無理矢理方向づけをしてしまう危険性すら指摘しておかなければなりません。ステレオタイプからの脱出こそが、ひとつの大きな課題となっています。

ギャップを埋める学習プログラムが必要

文化的な差異を理解するだけではなく、分析、予測と対応につながる研修が必要です。特に、差異やギャップを埋めていくための対策づくりや発信力・交渉力などの関連スキルをセットとして学習プログラムに組み込む必要性があります。

すでにグローバルの他者についてさまざまな情報と経験をもつ参加者にとって、「文化の相違」を理解するだけでは、もはやいまの時代に対応することはむずかしくなっています。

異文化の他者をマネジメントしたり、外国人の部下を指導する際に、リーダーとしてメンバーとして多文化のチームに関わる際に、どのように有効的なアプローチを取り、他者を巻き込みながら差異をポジティブなダイナミズムにし、協働関係を通して結果を生み出していくのか。そこが重要になると考えられ、一連のスキルは学習プログラムに組み込まれた体験的な学習が求められています。

たとえば、「ホウレンソウ」などの日本的なやり方をどのように他者に語れるか、文化背景と価値観を共有していない他者に、どのように共感を起こし納得させるか、という発信力の練習がそのひとつです。

また、業務におけるフィードバックが足りません。特に、ネガティブなフィードバックを他者に伝えることに苦手意識を感じるといわれる日本人ビジネスパーソンが、どのように有効的なフィードバックを出すのかというスキルも好例だと思います。

自分と「他者」にとって納得できる「それでは、こうしよう」という対応策を、相互作用の中で共につくりだす異文化マネジメント・コミュニケーション力の獲得を目指し、その実践力を身につける訓練が異文化研修の必須項目になりつつあります。

多様性への対応に戸惑う日本人の職場

海外のみならず日本国内においても発生する多くのニーズは、グローバルおよび国内に浸透する多様性への対応です。外国人採用の増加をはじめ、移民ノミクスの傾斜など、「日本人」も従来の枠組みでとらえられなくなっているため、多様的になっている日本人の同僚やビジネスパートナーも異文化の他者としてどう認識し、どう理解していくかという課題です。

たとえば、新人研修の現場で外国人同僚よりも異質性をもつ日本人の方が、より悩ましいという苦情をこぼす人事担当者も少なくありません。異質性をもつ日本人がグループに配属されることによって他の日本人参加者の戸惑いは増し、結果としてパフォーマンスの低下を招くことは、企業研修の現場で時々見かけます。

外国人の場合は、あらかじめ「異文化の他者」という見方を備えた上で接することが多いため、まだ比較的に簡単ですが、相手が同じく日本人の場合はなかなか受け入れがたく、より一層困難だと思います。異文化・多様性という従来の概念を、現在進行形のこのような現状にどのように対応させるかも、ひとつの大きな課題だと考えられます。

異文化研修の現場におけるこのような動向は、斬新な課題とはいえないものの、より顕著かつ一般的に広がってきたことは確実だといえます。

ここではそれらの問題意識に対応することを意

識した上で、グローバルマインドと文化対応力を高めるための具体的な手法を方法論として取り上げ、マルチレンズメソッドとコミュニケーションオリエンティッドアプローチというふたつの手法を紹介していきたいと思います。

前者は異文化認知管理の手法を用いたグローバルビジネスの「他者」理解の手法であり、その調整によって見えてくる「他者」はポジティブになり、他者と協働関係を構築しやすくなります。後者は文化の差異を理解した上でよりよくコミュニケーションが取れる、という従来のアプローチの「逆説的」な手法です。

コミュニケーションを通して他者の文化を主体的に理解し、文化的ルールをともにつくり上げ、調整していく手法です。いままでの「情報型」「知識型」異文化理解を完全に否定したものではなく、時代の変化に対応するためのアップデートだといえるでしょう。

最後に、グローバル化がもたらす個人の多様性と多様性の多重構造にも触れつつ、異文化のマインドと知識をどのように対人レベルまで転化させるかについて提案しておきたいと思います。

グローバルマインドを育てる

グローバルマインドは、通常異文化の他者に対しても偏見や固定観念がなく、ダイバーシティーを許容、活用することができるマインドを意味し、そこで、新たな文化に広い心で接し、非合理的に見える行動でも自分の常識を抑えながらポジティブに処理できる意味合いをもちます。

マルチレンズメソッドは、このようなマインドを身につけるための抽象的な精神論ではなく、他者を見るときの見方を調整する異文化認知管理の

図表12 TEG視点の分類

T：Traditional Culture
伝統文化の影響（X軸：空間軸の比較――横方向の比較）
好奇心→他者の文化を学習
第三者の立場で自他の差異を説明できる

E：Economic & Social Phase
経済発展の影響（Y軸：時間軸の比較――縦方向の比較）
動的アプローチ――他者の経済発展と社会発展段階を理解する

G：Global Background & Influence
グローバル化の影響（Z軸：共有する背景）
共有する問題意識と共通点

スキルを意味します。特に、異文化の他者との差異に焦点を当てるのではなく、自己軸そして自身の文化に焦点を当て、また、他者との共通点を意識しながら、3つの視点をもって複眼的、多数の尺度をもって考えることを意味します。その具体的な意味は上記の図表12の通りです。

日本人がもちやすいネガティブ感覚

そもそも私たちは、異文化の他者をどのように理解しているのでしょうか？

まず、いくつかの特徴と傾向を説明しておきたいと思います。たとえば、あなたが来月からブラジルに赴任することになったとします。ブラジルについてのキーワードとして思いつくものを3つあげてみてください。どんなものが出てきますか？

研修の現場では、日本人参加者の多くが、サッカー、サンバ、カーニバル、コーヒー、アマゾン川などをあげます。治安が悪いなどのこともときどき出てきますが、ほとんどが中立的かつポジティブな固有名詞です。

また、「キーワードを10個出しましょう」というリクエストになると、難色を示す方が多く、やはりそこまでブラジルを知らないので答えられないようです。

しかし、国をブラジルから中国に変えると、PM2・5、食品安全問題、反日による個人のリスク、中華思想、爆買いなどがリストアップされ、「印象ポイントとして10個出す」というノルマを軽く突破することができます。

その内容を確認すると、「ポジティブが3割、ネガティブが7割」の割合で印象をもつようです。もちろん個人差がありますが、地理的な距離が近くメディアからの間接的情報をもち、直接、中国人と接触する経験が日本人には多くあるため、先入観の部分とその影響も大きく機能しているのがわかります。

先入観によって、後からの実体験もそれに方向づけされるのです。ある意味で、遠い国はよく知らないため、ネガティブな先入観もあまりもてないのです。

いうまでもなく、その先入観にネガティブな要素が多ければ多いほど、その後に他者と接する異文化体験も強い影響を受け、中立的・客観的な接近の妨害になり、それは本人の異文化体験にストレスを与えることにもなり、他者との信頼関係と協働関係を構築しにくくなると考えられます。

もちろん、多くの先入観はネガティブな方向づけをもって生まれたものとは限らず、あくまで日本のものさしをベースに他者を解釈・評価する際に発生する主観的判断にすぎないのですが、結果的にはマイナス的な働きをもたらしています。

たとえば、りんごを食べ続けていると、その味を特別に好きではなくても無意識的にその味を果物の基準にするということがあります。すると、はじめて桃を食べる際には、どうしてもりんごの味をベースに判断することになります。

また、仮に「この桃はおいしい桃でしょうか」と聞かれたら、違う味覚を意識して求めている人を除くと、多くの人はりんごの味をベースにして判断するようなのです。りんごに近い味がするのであればわりと評価しやすく、逆に大きな差異がある場合はあまりおいしく感じないのだと思います。

つまり、ネガティブに見ようとするのではなく、日本人のものさしという外部視点をもって他者を理解しようとする際に、見る行為、理解する行為に最初の時点から認知管理の調整をしない限り、異質性による違和感やストレスなどを軽く体験してしまうことになると考えられます。

異文化経験から生まれがちな先入観

さらに、空間的な距離が近く、文化的にも近いという錯覚が、他者理解に対する大きな妨害を生み出すことにつながります。たとえば、人事担当者から次のようなエピソードを何回か聞きました。

アメリカからインドや中国に送る赴任者が、イギリス、ドイツに送る赴任者よりうまく文化適応できるケースがよくあると聞きます。なぜなら、インドや中国に赴任する人の多くは、最初から人種、宗教、文化、価値観の違いの意識があるために、それに応じて心の準備をします。また、多くの情報をもっていないからこそ、異質の他者との現地でのできごとに対して虚心に、かつむしろ差異をもって処理しようとするのです。

また、彼らの多くは、最初から異文化へのモチベーションがあり、行きたい、アジアの世界を楽しみたいから、先入観の少なさとポジティブな態度によって、体験したことをポジティブな他者理解として受け入れる態度になったといいます（もちろん、常にうまく行くことを意味するわけではありませんが）。

逆に、ドイツ、イギリスに赴任する赴任者の場合は、最初から心の準備もなく、情報も多くあります。そこで言葉も文化も通じることが多いと油断したりすると、一緒に仕事をするうちにミクロな違いが出てきたときに、「彼らはおかしい」という判断をし、違いとしてとらえることなく受け入れがたさを感じることになるわけです。

自分のものさしで他者を解釈・判断するので結局、自分の方が正しく、他者は正しくないという結論に至りやすいと考えられます。

実際に聞いた話です。韓国のビジネスマンが日本に出張で来てホテルで暇つぶしをしていたときのことです。

ソフトバンクのＣＭを目にして、「お父さんを犬にする」という内容に儒教的家族倫理観から違和感を覚えました。さらに、お父さん犬と母親の間に黒人の息子がいる。しかもこのＣＭが国民的に評価されている広告だと聞いて、日本人は非道徳的であると感じたといっていました。

同様に、家族を大切にするブラジル人やメキシコ人に聞くと、単純におもしろいＣＭであると、受け入れていたのです。どうしてなのかを考えてみると、日本とブラジルなどは距離的に離れていて、遠い国であるために最初から差異としてとらえる準備ができやすかったのだと考えられます。

その土壌が、こうしたＣＭを受け入れやすかったのだと思います。

一般的に異文化理解をするときのパターンとして、いままでに培った習慣、感覚、価値判断など、自分のものさしを使って無意識的にある角度から他者との比較を通して理解していきます。

ものさしを使って理解をするときに、その距離感が近ければ近いほど、相手を否定し、受け入れないパターンが出やすい傾向にあるといわれています。

なぜなのか。それは、異文化経験から身につけた情報は、先入観と比例するためです。見方の方向づけが重要なのです。つまり、はじめて自分たちとの違いとして感じたときの印象が、後々の異文化体験に大きな影響を与えてしまいます。異文化の体験はある意味で自分への挑戦であり、他者との協働関係につながるポジティブな認知管理のスキルを高くもつことができれば、そこではじめてさまざまな他者に関する情報が生かされます。

「異質性のある他者」へ近づく3ステップ

具体的にどのような視点を生かし、異質性の他者へ接近していくのでしょうか?

① 共通項によるフィルタリング
② TEGマルチレンズ調整
③ リフレーミング

という3つのステップを踏まえていきます。方法論的に紹介するときは、ステップ・バイ・ステップになりますが、感覚的にこのアプローチを身につけることができれば、簡単に応用することが可能です。

ここで自分をプロのカメラマンと想定してみてください。たとえば、あなたがモデルの撮影を行うことになったときに、指定されたモデルがどうも自分の感覚に合わないが、チェンジはできないという状況に置かれたら、どんな行動に出ますか。

モデルを変えられないのなら、レンズを変え、撮影する角度を変えるのだと思います。これによって被写体を美しく撮影し、表現することができるようになるわけです。まさにこれこそが、感覚的な異質性にとらわれることなく、主動的に認知管理のチューニングを行い、他者との協働作業を実現したことになります。また、ビジネスマンが海外赴任したときや自分が異文化チームに所属したときにも同様なことがいえます。

こうした状況下では、赴任先の国や周りの人たちを変えることはできませんが、彼らを自分から認識したり、受け入れる調整スキルをもっていれば、彼らを受け入れやすくなるのです。

しかし、図表13に示すように中国に赴任する日本人は、どうしても中国に対して、マイナス認知を起こしやすいといわれています。どうしてでしょうか。

そもそも異文化接触初期段階のショックや不慣れは、時間とともに慣れてくるともいえます。ただし、慣れる作業はパフォーマンスの低下、文化的疲労感、ストレスにともなう作業でもあるので、時間、経験とともに慣れが生じても行く前より赴任してからの方がネガティブな印象が増えるケースも、かなりあるのが一般的です。

異文化の同僚はこんな感じだからしょうがないと、あきらめの中で仕事をしていたり、お互いの信頼関係が低いのでよい仕事ができず、パフォーマンスを上げられなかったりといった現象がその一例です。

その中で、クリアアップの作業をしていかないと気持ちが暗くなってしまい、現地でのパフォーマンスも低いままになる可能性が考えられます。

図表13　日本人から見る中国（人）①

肯定的	否定的		
行動的	他人の迷惑を考えない	後先を考えない	ずるがしこい
積極的	近道に殺到	計算高い	本当は気が弱い
細かいことにとらわれない	大ざっぱ	簡単にできるといってできない（できないといわない）	ゆずり合いの精神にうすい
実行力がすごい	できなかったいいわけを主張する	時間を守らない 遅れる	話が大きい
すごい記憶力	考えないで動き出す	危険を感じない	
家族、血を守る	利己的でわがまま	計画性が乏しい	

（上海での赴任者対象公開講座より）

日本人から見る中国（人）②

肯定的	否定的		
老人・子どもに優しい	面子を大事にしすぎる	仕事とプライベートの区別がない	偽物をつくる
気前がよい	めんどうくさがり	よいものをつくろうという気がない	仕事が事務的
努力家	自己中心的	ルールを守らない	チームワークがない 協調性がない
はまればすごい	時間にルーズ	失敗を恐れる 責任を取りたがらない	自分勝手
スピードが速い	自己流	プライバシー意識がない	感情的
自分が大好き	わからないことがあっても聞かない	秘密を守れない （会社の人事のことなど）	声が大きい
自己アピールが強い	自己主張が強い	お金にうるさい	仕事が受動的
	モラルがない （並ばない、信号無視）	非を認めない いいわけをする	

（上海での赴任者対象公開講座より）

具体的に中国赴任者の事例を見てみると、現地滞在1年のグループ①と、3年のグループ②とを比較すると、同様な時間内に挙げる「他者」についての印象の中で慣れたとはいえ、後者の方が圧倒的にネガティブな要素の数が多くあり、いうまでもなく現地人社員とパートナーシップで協働する際のストレスを物語っています。

また、文化相対性の原理から考えれば、現地人社員から彼らの文化的ものさしを通して日本人赴任者を評価する際に、同様にマイナス的な解釈・評価につながり、ポジティブとネガティブな認知が対称的になるケースが多くあります。

同様に中国人と職場を協働するアメリカ人が挙げる中国の同僚へのネガティブな印象の中で、「自己主張が強い」項目が「自己主張が弱く、上司と周りとの関係性を意識しすぎる」など、「チームワークはできるが、個人としての見解が少ない」など、日本人赴任者と正反対の認識をもつケースが大量にあります。

このように文化相対性の原理にしたがって人々は、自分のものさしをもって相手を解釈・評価しており、他者との関係性と文脈にしたがい、ものさしの幅や尺度などの調整を自由にかつ柔軟にできたら、当然見えてくる「他者」も変わってきます。また、自分のアプローチが変わることによって、相手の反応も変わってきます。

ステップ1――共通項のフィルタリングをする

まず、共通点を意識した上で、自分が出した項目について分類を行っています。

たとえば、インド人のインディッシュは訛りが強く、よくわからないという認知項目がありますが、よく考えれば日本人にも英語の訛りがあり、

図表14 フィルタリング

Step1	○△×分類

○：他者にもいえるが自分もほぼ同レベル

△：自分にもいえるが程度の差がある

×：他者には当てはまるが自分にはない特徴

（もっとも差異が大きく対立につながる問題点）

他者にとって理解しにくいであろうという共通項を見つけます。

また、中国人たちは上下関係が厳しいと認識していますが、その一方で、日本人も程度の差を感じながらも同じことがいえるのではないでしょうか。さらに、計画性がなく時間を守れない場合については、やはり他者には当てはまりますが、日本人には該当しない場合は、はっきりとマイナス的な差異として認識している項目としてハイライトをしていきます。

いうまでもなく、○をつけた同様な項目と△をつけた程度の差を感じる項目に関しては、異文化の他者と共有している問題だと理解するため、「相手は○○人だから……○○のようなことをする」という因果関係の図式が成立しないことがわかるため、フィルタリングを通して減らしていくことができます。

異文化の他者とかかわりマイナス的な違和感がある際には、多くの人々が無意識的に自分と他者との間にその原因を求めようとします。「相手は○○人だから」「相手は女性だから」「相手はやはりいまどきの若者だから」といった発想をもつときは、差異を強調し、それを原因にする傾向が強いといえます。

では、正反対の性質をもつ×をつけたマイナス的な項目に対しては、どのように処理していくでしょうか？　このようなときには、一時的な判断の保留をし、「相手の解釈」を引き出すことが大事です。つまり、日本人という外部視点から内部視点に切り替え、リンゴの体系ではなく桃の体系でその行動を理解していくことに置き換えて考える努力が必要です。

たとえば、日中異文化理解の中で、日本人は中国人のマナーの悪さを取り上げることがしばしばありますが、中国で日本人赴任者と一緒に仕事をしている中国人からも同様に、日本人のマナーが悪いということが挙げられることがよくあります。

中国人がいうのには、「お酒を飲んだときの日本人のマナーは悪い」というのです。本当にあった話らしいのですが、酔った勢いで革靴にビールを注いで飲んでいた駐在員がいたり、赴任先で現地の社員に向けてスピーチをする際にベルトをいじりながら話したりする部長がいたそうです。

ここからわかるのは、日本人と中国人では、マナーの良い・悪いを判断するうえで、明らかにチェックするポイントと評価する基準の文化的差異があるということです。

さて、もしこのような悪いマナーについて、異文化の他者から「なぜ」という説明を求められたら、上手く日本人としての内部的視点と説明の提供ができるでしょうか？　著者が体験した異文化研修の中で、畳・着物・帯の文化の延長で、ベルトは、帯の代わりに結びなおすことによって、本人の気持ちの整理とこれから他者に向けてきちんと話そうという意識の表れだと説明を提供してくれた日本人がいました。

また、柔道の試合の最後に帯の結びなおしが儀式的に行われると、実体験をもたない他者にわかりやすく説明する日本人がいました。内部視点による内部解釈を聞けたら、完全に共感納得のレベルに達していけなくても、ずいぶんと嫌悪感が減り、他者への理解が深まったといえます。ここでも異文化理解は、他者についての理解だけではなく、自分の文化についての理解、それを他者に通用する発信力にかかってくるプラスのポイントを教えてくれているといえます。

逆に日本国内で、日本人著者あるいは中国赴任体験者、経験者によって書かれた中国の文化、あるいは中国ビジネス本の解説本は、日本人として表面的に共感すればするほど実はそれは外部視点による理解であり、本物の異文化理解につながらないことを意味しています。

ステップ2――TEGマルチレンズで調整する

次に、TEGという3つの視点を通して、複眼的に相手を見ていくことで、ネガティブな認知を処理していきましょう。ネガティブ項目の関連性を伝統文化（国民性、その国の風土）と経済・社会の発展段階（他の文化も同じ段階にあれば同じ現象が起こる）、グローバル化の影響（グローバライゼーションがもたらした現象であり、密接な関連性を感じる）という異なる3つの視点で認識するときに、見えてくるものも大きく異なってきます。

図表のように「中国人はよくパクる」「偽物を

つくる」という現象を3つの視点で見る際に、日本と中国の文化的差異に焦点を置くT視点の認識は、相手は儲け主義だからビジネスモラルが低いというものになります。

また、中国の事情を多少、知っている現地通の意見としては、中国では「騙される方が悪い」という考えがあるので、このような現象が発生するのだそうです。

いずれにしても中国人の問題であり、日本人にはあまりないことです。そこに差異を感じるだけではなく自分たちがよくできており、他者こそが悪いという優劣の認識にリンクされやすくなります。レンズを回し、E視点で見る際には、これは国の文化とあまり関係なく、戦後高度成長期の日本企業も先進国の製品をコピーし、成長を遂げてきた経験があり、新興国にとって歩まなければならない道であると認識します。

少し前の韓国と現在の中国はその段階にあり、安価な類似商品をつくり、その真似を通して価格で競争優位をもとうとしています。ただ、ある程度市場シェアをもち、生産技術の向上ができたら、今度はイノベーション性に価値を置くようになります。

中国の「世界の工場」から「イノベーション大国」への転向はまさにその昇段（ステップ・アップ）を象徴しています。さらに、G視点で見るとグローバル経済における中国のポジションは「ローコスト&ロークオリティ」であり、ハイクオリティをつくれてもグローバルで売れない事実から、このような現象を生み出しています。

この事例を通してわかることは、TEGという3つの視点を通して現象についての理解と解釈が異なります。T視点は、基本的に比較を通して差異に焦点を置く視点です。つまり、自分のものさ

図表 15　TEG マルチレンズ調整

例：T/E/G それぞれの視点で見ると……

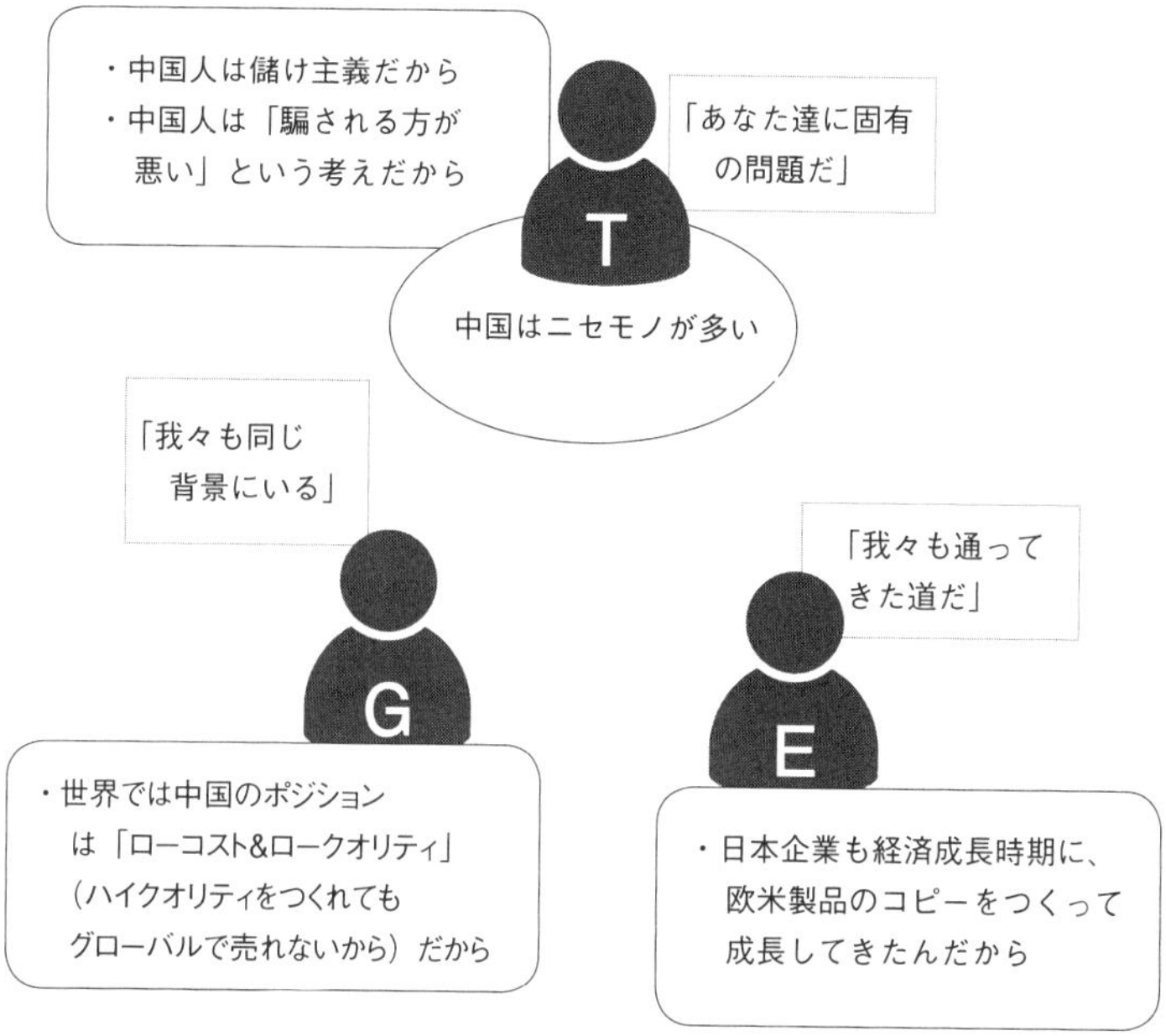
・中国人は儲け主義だから
・中国人は「騙される方が悪い」という考えだから
「あなた達に固有の問題だ」
T
中国はニセモノが多い
「我々も同じ背景にいる」
G
・世界では中国のポジションは「ローコスト&ロークオリティ」（ハイクオリティをつくれてもグローバルで売れないから）だから
「我々も通ってきた道だ」
E
・日本企業も経済成長時期に、欧米製品のコピーをつくって成長してきたんだから

Step2	TEG 分類

T：伝統文化の影響（X 軸：空間軸の比較－横方向の比較）
　　好奇心→他者の文化を学習
　　第三者の立場で自他の差異を証明できる
E：経済発展の影響（Y 軸：時間軸の比較＝縦方向の比較）
　　動的アプローチ ── 他者の経済発展と社会発展段階を理解する
G：グローバル化の影響（Z 軸：共有する背景）
　　共有する問題意識と共通点

しを基準に相手を見て、理解する視点といえます。

通常、これは異文化コミュニケーションをする際に、ほとんどの人が意識的に一番よく使うデフォルトレンズです。相手固有の問題だと片づけ、自民族優越主義につながりやすいリスクがあります。それに対して、E視点とG視点の場合は、共通点を意識した上での他者理解であり、共有、共感しやすい視点です。

T視点よりも、EとG視点の方が相手の立場、現地の立場を考えられ、柔軟かつ広い視野をもつ印象を相手に与え、異文化の他者から共感を得たり、協働関係の構築につながったりしやすく、ビジネスの展開に有利な視点です。

T視点の割合を減らし、EとG視点の使用を習慣化していくことによって、いままでネガティブに感じていたポイントが徐々に減っていき、協働につながりやすい共感づくりがしやすくなります。

ステップ3――リフレーミング

最後に、リフレーミングという作業を通して、ネガティブな項目について角度を変えることでポジティブに評価できる相対的かつ柔軟性な思考習慣を身につけていただければと思います。

そもそもリフレーミングとは、物事をとらえる枠組みを変えて、同じ対象者を異なる枠組みでとらえ解釈することです。ここではネガティブに認識している項目をポジティブにとらえなおすことを指します。

あるいは、そのポジティブな側面を見出す作業を指します。いままでもっていた固定観念や常識、偏見などのフレームワークでネガティブに見る対象を、角度を変えながらポジティブな解釈で説明できることを意味します。

たとえば、「不衛生」というネガティブな認知の枠組みを変え、ポジティブに解釈すれば、菌との共生経験により免疫力が高まる。サバイバル力が上がる。きれいなパッケージや環境などを提供できれば高い付加価値で売れる。空気や水などを綺麗にする商品やビジネスチャンスがたくさんある。人間は細かく物事をとらえすぎず、気楽に生きることができる。こうしたことが考えられますが、ただ、違う視点をもったときに重要なことは、皮肉的にとらえてはいけません。

その態度がすぐに相手に伝わってしまうので、逆にコンフリクトを生み出してしまうリスクを招きます。

異文化の他者とビジネスコミュニケーションをしたいなら、リフレーミングは自分のネガティブ認知を抑え、ストレス管理能力を高めるだけではなく、相手との合意にもつながりやすくなります。

図表 16 リフレーミングする

Step3	リフレーミング

・ネガティブな X または△の項目に対して反意を考える練習
・主観性をコントロールする能力と柔軟的思考性の育成
・Global Mind-set をもって他者とコミュニケーションを取る

日本人の印象	反意（良い意味でとらえた場合）
やり方が杓子定規	信念、ルール、原則をよく守る
融通がきかない	真面目
ケチ 細かい	節約 割り切る、明確な関係性
優越感が強い	「自分」をしっかり持つ 自信がある
表面的なものを追求する	イメージを守る 調和を守る

リフレーミングとは、ある枠組みでとらえられている物事を枠組みをはずして、違う枠組みで見ることを指す。同じ物事でも人によって見方や感じ方が異なり、ある角度で見たら短所になり、また長所にもなる。

一方的に自分の文化的枠組みで物事をとらえれば、いくら合理的かつ論理的に聞こえる話をしても、相手に響くとは限らないはずです。

まず、他者の行動と考えをポジティブな解釈で自ら行い、さらに相手にそれを伝えた上で、自分の考えを提示すると、相手にも受け入れてもらいやすくなります。

たとえば、不確実性回避[i]の低い文化（米国、中国、インドなど）の人間は、プランを立てることに時間をかけずに行動に移す、問題が発生しない限り事前の準備とリスク対策をしたがらない、という傾向があります。

結局、日本人ビジネスマンの枠組みから見ると、ＰＤＣＡのＰとＣをあまり行わず、計画性に欠け、場当たり的な対応をする、大雑把だなどの特徴が感じられ、あまり高く評価できません。リフレーミングを通してみれば、「新しいチャンスをつかむ力や決断力と執行力があり、スピーディーに行動できるポジティブな側面を見出せる」と評価します。そのうえで「今回のターゲットは日系の顧客であるため、事前準備、細部の配慮と資料の用意などに重点を置いて見るので、素早く行動してもそれほど評価されず、損をしてしまうことが考えられます。

もう少し準備段階の詰めと段取りに力を入れたら、今回の案件によい結果をもたらしやすいのではないでしょうか」と提案を行うと、相手は反発するのではなく、より耳を貸してくれることになると考えられます。

ビジネスにおける異文化コミュニケーションは、異なるゲームのルールでプレイしてきた人々との交渉でもあり、自分の立場と利益のみを強調してもなかなか合意できません。また、リフレーミングは後輩指導や部門間、男性・女性間、世代差などのコミュニケーションにも応用でき、多様性対応には欠かせない認知管理スキルです。

マルチレンズによる認知管理の自己分析と対策づくりはストレスを感じ、他者との協働を積極的に構築できず、文化的疲労感を感じる時に特に有効です。カフェや飛行機の中で、白紙1枚に相手についての印象をリストアップし、3つのステップを踏まえた調整を行えばずいぶんと整理がつきます。それよりも異文化の他者と協働する最初から意識して、ここでご紹介したアプローチを取れば、さまざまな異質性とつきあう能力が高くなり、成功率が高くなるのではないでしょうか。

「コミュニケーション」が元のCOAメソッド

従来の異文化研修は他者を「異」文化として理解し、その行動を理解可能にし、なるべく予測できるようにすることを目的としてきました。コミュニケーションは文化の影響を受け、行うものととらえたため、いかに文化の違いを理解するかがその中心であり、前提です。しかし、この視点はコミュニケーションによって文化理解が構築され、コミュニケーションによって新たな関係性と動きが相乗効果として生まれてくる、という異文化コミュニケーションの本質と矛盾する側面があります。

さらに、コミュニケーションの文脈や相手の個体性や文化の変動性などについての配慮はあまりなく、あるいはカバーできないという致命的な弱点があります。

「異文化・コミュニケーション」の文化とコミュニケーションについての議論は昔からあります。たとえば、異文化の領域でしばしば登場するE・T・ホール[ii]は、ハイ・コンテキスト／ロー・コンテキスト、Pタイム Mタイムの時間などのフレームワークの提示によって、古くからこの分野の市民権を確立し、広く引用され評価されてきました。

その理論の中でホールは、「文化はコミュニケーションである」とし、文化とコミュニケーションを同じものとみなし、両者が密接に関係し合っているとしています。しかし、差異を理解するための概念が浸透し応用されているものの、この理論がそれほど重要視されず、あるいは応用まで実践されていないことは極めて残念です。

2000年代以降は、グローバルビジネスのさまざまな多様性の現象によって、コミュニケーションこそ文化理解と他者理解を変えるものだということを前提に異文化コミュニケーションを理解する、という提案が注目されています。文化理解から良好なコミュニケーションをしていくという考え方ではなくて、コミュニケーションによって文化理解とルール創造を行うという流れです。

日常的な例で考えてみましょう。悩みの相談を友人にしたら、会話（コミュニケーション）をしていくうちに思考が整理され、解決策が現れてくることはよくあるでしょう。つまり、コミュニケーションはメッセージ交換の手段だけではなく、物事を動かす力そのものでもあるのです。

異文化研修の場合も同じく、異文化理解の主観性、赴任者のもつ個体の差異、赴任先の状況、ミッション、関わる相手、文化の多様性だけでなく、その流動性といったものをどのように動的にとらえていくのか、その「コミュニケーション」に焦点を当てるアプローチのことを「コミュニケーションオリエンティドアプローチ」（COA）と名づけます。

つまり、任務や職場における他者などのコンテキストなしの文化、そして文化的差異というものはまず語らないことにします。ＣＯＡで語る文化理解は姿のある静的な「他者」ではなく、一個人が現地・現地人との関わりの中で「他者」文化についての解釈を相互作用的につくり出します。

赴任者向け異文化教育に限定すれば、ミッションをもつ駐在員に、いかに短い期間内に自らの体験・他者との関わりの中でポジティブにその文化理解、対人関係とコミュニケーションの基盤を構築していくかが中心にあります。

具体的にそのアプローチをどう応用し、実践していくのでしょうか？

研修教育の現場では、Ｅラーニングや反転授業という方法があります。赴任前のオリエンテーションにおいては、リスクマネジメントや異文化の気づきとグローバルマインドなど最低限の内容にしておき、知識と情報は赴任してから教材として提供し、ネットという次元において現地での疑問や問題について、ある程度の対策を提供します。この場合は、現地への理解はどのように本人の体験と解釈の繰り返しの中で構築するかをコーチングする研修であり、現地に行ってはじめて現地というリアルな職場に触れなければできない研修です。当然、触れなければ効果も出ないわけです。

ＣＯＡは、現地における自らの実践を通して、文化的な違いを良好なビジネスパフォーマンスにつなげる、異文化理解とコミュニケーション力を身につけます。「異文化コミュニケーション」の研修を赴任後のＯＪＴに変更し、「コミュニケーション」（視点＋スキル）と「異文化」（知識）の役割を半々にし、前者を先行させるものです。

「好きなもの」という接点を見つける

研修とは関係のない個人の実践の方法もありま

す。たとえば、ＣＯＡの実践には自分と現地との接点を見つける「メンバーズカード」メソッドと、「アクセスポイント」メソッドという方法があります。「メンバーズカード」とは、日本国内において好きなことは何かを考えるときに、トレッキングやハイキングの場合であれば、現地で一緒に参加できる他者のグループを見つけ関わっていくことです。

異文化の他者とはいえ、その集団の人から見ると、仲間として受け入れる姿勢ができやすく、何よりも本人にとってポジティブな方向づけと共通点を意識した上での適応作業になります。そこからさまざまな現地の情報を生でもらえるだけではなく、現地の物事に対する見方まで提供してくれるインフォーマント（現地の情報源）を確保できます。

たとえば、ある米国系企業の赴任者が来日し、日本の文化、日本の言葉の勉強に興味がなく、帰宅後はネットで遊んでばかり、現地の生活や人々とあまり関わらない生活を送っていました。本人もそのうちに違和感を覚え、環境に不適応であると感じていました。そこで、本人の趣味などを尋ねたところ、実は金魚が好きで、「金魚の鑑賞会」なら関わってもよいという提案をしてくれました。

少しずつ鑑賞会に関わり、「金魚」というメンバーズカードを共有する日本の仲間ができ、また現地人である日本人によくケアしてもらいました。本人もそれを機に、日本の文化と言語に興味を抱き、職場でもより現地感覚と日本語によるコミュニケーションを取るようにとアプローチが変わり、周りからもより評価されるようになりました。

さらに、アクセスポイントメソッドというのは、広く歴史文化を勉強するのではなく、現地で興味があるひとつのことを深く掘り下げ、これに関しては一般的な現地人より外部の私の方がよりよく知っているというものを確立することです。

日本に帰国したら恐らくあまりできない、しないことですが、赴任先では没頭できるものは何かと、ひとつふたつとアクセスポイントを見つけることです。自分の趣味や興味のあることと現地を連接し、ひとつのことの「通」になり、現地の他者との関わりの中で自らポジティブに他者（現地人）理解を構築するプロセスです。それによって、現地での生活のモチベーションにもつながり、ポジティブな方向づけによる文化理解や、コミュニケーションにもつながります。

中国赴任者の実例をあげますと、ある技術系の駐在員は、エレキギターの趣味をもっていましたが、中国では二胡をアクセスポイントにし、教室に通い、中国人の同期と一緒に習いながら、言葉そして現地の情報と見方を少しずつ生で構築してきました。また、あるベテラン工場長は非常に時間の制限があったため、「中国料理」をテーマにし、中国八大料理を知るだけではなく、所在地の現地料理の特徴、料理法、でき具合なども評論できるような「食通」になりました。

すると当然、部下、取引先、政府の役人などの中国人は、一致してこの工場長を「中国通」と評価し、非常にポジティブな対人関係が構築でき、本人も料理を通して現地の文化、見方、方言までも覚え、「現地の日系工場長」になれたわけです。異文化の分野の言葉で説明すると、これは外部の視点から内部視点へと切り替える方法です。

アメリカの赴任者異文化教育の世界では、適応のプロセスから「高周波型人間（High frequency individual）」と「低周波型人間（Low frequency individual）[iii]」のふたつのカテゴリーがあると紹介されています。通常、赴任者は赴任初期段階と赴任後一定時間を経た段階で、異文化のカルチャーショックと文化的疲労を経験します。程度の差異こそあるものの、文化的不適応のレベルによっては現地でのパフォーマンスに影響を与え、カルチャーディスカウントという現象が起こります。低周波型人間の場合は、日常の細部にまで敏感に自分の幸福度と満足度を測る特性をもち、赴任の初期段階においてカルチャーショックを経験しやすく、事前に対応の方法を習得した方が現地でのスタートがうまく行くことが多いです。

日本人赴任者の場合は、一般的に低周波型が多いとされています。一方で、高周波型人間の場合は、特定なことにのみこだわりをもち、それさえ満たされればその他の差異と変化についてはほとんど無視できるレベルにあります。米国企業の赴任者選びの際には、これまで後者を適応性が高い人間だと評価してきましたが、実際は不適応症状の現れる時期が先伸ばしされているだけです。現地の文化的特徴と社会・市場の変化などに敏感に反応できず、ビジネスパフォーマンスが高いどころか職種とタスクによっては、より大きな失敗を招く可能性が高いと考えられます。

「メンバーズカード」メソッドと「アクセスポイント」メソッドによる実践は、COAアプローチに基づき、高周波型と低周波型のメリットをコンバインしたうえでの手法であり、実践の現場において多くの成功事例を出しています。

異文化対応能力は「個人の多様性」に役立つ

異文化適応の能力開発は海外だけではありません。国内においても必要性が日増しに高まっています。主に、インバウンドビジネスにおける外国人への対応、職場における多様性の増加と日本人多様性（個人差）の増加といえます。いまは個々人ベースの一人ひとりがすでに異文化だ、というような話は数年前からもうこの世界の流行語のように語られてきています。

異質性と多元性の調和を大切にし、差異を生かし変化へ対応するコミュニケーションがもっとも大事なビジネス能力のひとつであるとする現在では、このようなグローバルマインドとCOAアプローチを兼用する中で、知識から知恵に進化しています。

国内の多様性に対応するため、「異文化コミュニケーションの手法」を「対人コミュニケーションに応用する」ことが必要となってきました。従来の発想からすれば、日本人対米国人のコミュニケーションは、それぞれの個々人がその文化的なルールを習得し、文化的制限を持った上で他者と

図表 17　変化する世界に求められる「異文化」コンピテンシー

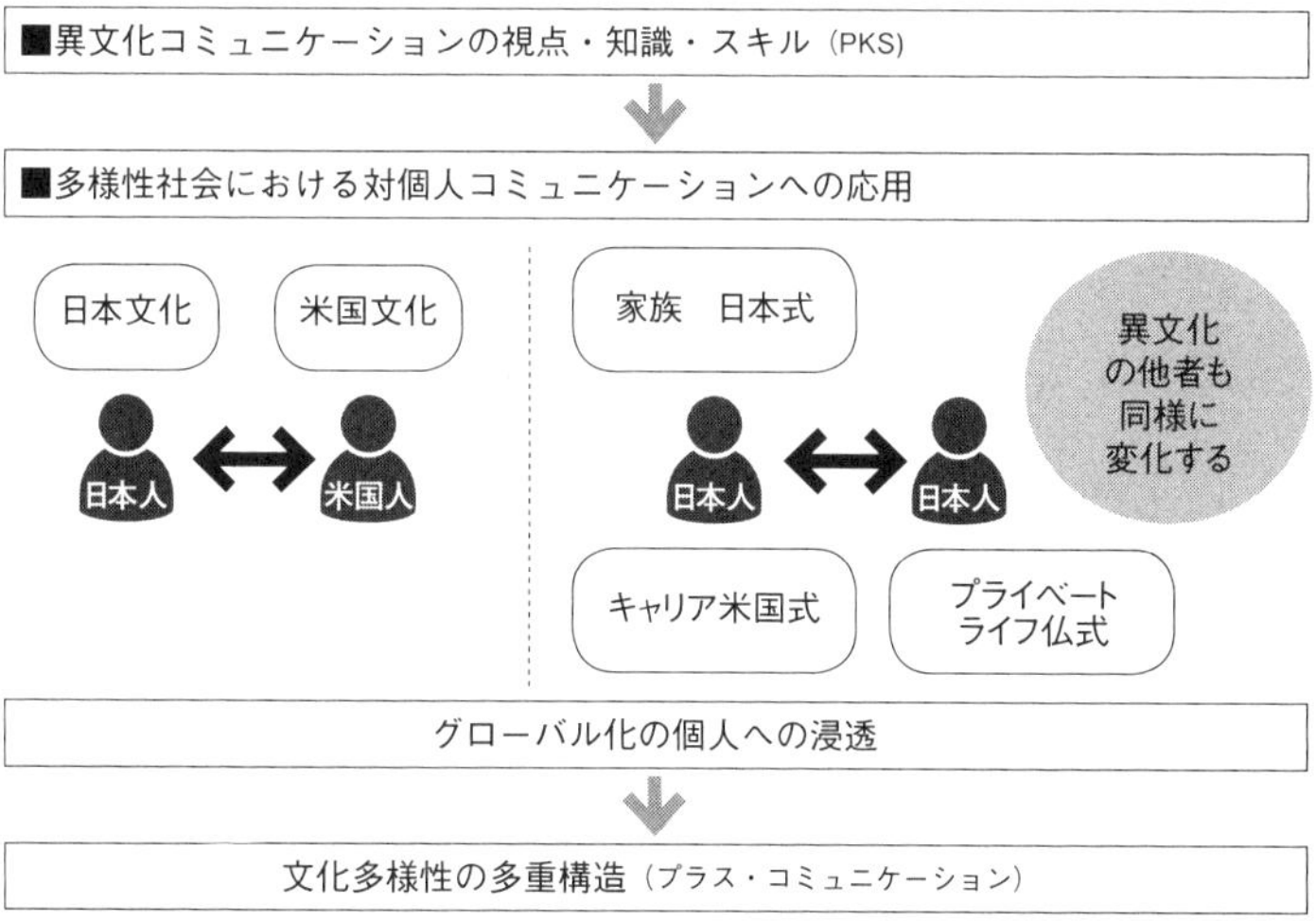

かかわっています。

しかし、グローバル化世界と情報化社会の典型的な特徴のひとつが、文化的な影響力を極めて明確な形で変えました。外部の文化の影響力が強くなり、生活の場をもつ場所の文化の影響力が過去に比べて相対的に弱くなってきました。

アメリカ文化の感覚でキャリアを築き上げたい、日本のライフスタイルを維持したい、休暇に対する考えはフランス式がよいなど、この現象は「個人の多様化」となり、またその多様化は場面によって多様に切り替えることができるようになっています。

ですから、より「変化する」「多様的」「重層的」に変化するコミュニケーションの問題に、どのように対応していくか、グローバル規模の人材最適化と多様化の戦略にともなう赴任者向け異文化教育も、時代とともに新しい発想も方法も常に更新し、その時代の変化を反映しなければなりません。

ここでご紹介したマルチレンズとCOAメソッドは、既存の学術的理論と最新の現場経験をベースに提案されたもので、現場に次々と起きる新しい事象に対するフレームワークづくりと、一種の新しい実践的な試みであると、私は考えます。

もちろん、従来の文化理解の知識学習を完全に否定するものではなく、既存の理論と方法に対する批判とともに更新を、そして改善を続ける作業ではないかと思っています。

鄭偉（テイ・イ）

拓殖大学商学部教授
上海外国語大学 異文化研究センター特任教授。上海出身、国際基督教大学行政学研究科博士後期課程修了（学術博士）。専門分野は異文化マネジメント、異文化コミュニケーション。アジア発のコミュニケーション研究に関して、地域の特徴を深く掘り下げ、独自の視点で、いま起きている問題に分析を行う。多様な文化背景と多数の調査研修経験に基づき、グローバル企業に向け海外赴任者教育や、グローバルマインドとカルチャーコンピテンシー関連のトレーニング実績が多数。主な著書として、『現代コミュニケーション学（共著）』（有斐閣）『よく分かる異文化コミュニケーション（共著）』（ミネルヴァ書房）など。

交渉学の実践と応用 3

「会議」をしっかり交渉する

アラン　ランプルゥ：ブランダイス大学教授 ハーバード大学PON（プログラム・オン・ネゴシエーション）
ミシェル　ペカー：オックスフォード大学サイード経営大学院PON（プログラム・オン・ネゴシエーション）
訳　大間　哲

どうすれば実りある会議にできるのか

交渉では何度も会議を重ねることが要求されます。1日の仕事が会議の連続で埋まるのも珍しくありません。帰り道、プロセスが非効率的で、結果や関係構築も非生産的に終わった会議で今日も時間をムダにしたとうんざりされた方も多いはずです。

いずれ職場に影響を与えるこの状況は、多くの組織を侵す慢性の病「会議病」（ランプルゥ 2015）です。この組織の病は、オフィスのどこかで発症すると次々に伝染していきます。ここでは会議病の流行と蔓延のリスクを抑制する予防策を検討します。

人間関係をより強固にし、プロセスを効果的にし、こうした問題に持続可能な解決策を見出す機会として会議を位置づけていくためには、あなたが会議をリードし、場合によっては会議をしっかりと進める方法について相手側と交渉することが必要です。

そこで紙のアジェンダよりも重要なことがあることについて検討し、次に会議病の諸症状を診断していきましょう。また、どの会議にもある3つの動きを可視化する交渉のメソッドを示し、会議をしっかり準備するプロセスに必要な7本の柱を整理し、最後に「理想の」会議と過程にある諸段階を解説します。

会議病を分析せよ

会議の準備段階ではアジェンダを作成する以外に何ができるのかを考え、次に、病をもたらす非効率な会議の諸症状を診断しましょう。

紙のアジェンダの作成よりも大切な準備

『交渉のメソッド：リーダーのコア・スキル』（ランプルゥ&コルソン2010）は、交渉を成功させるための一連のメソッド、会議の準備段階でのツールキットと会議の運営中に役立つ一連の原則を示し、会議のプロセスを入念に構成することを述べました。

すなわちアジェンダを徹底することの必要性を強調しました。

この章では交渉者として、紙上のアジェンダの先にある「真の」アジェンダに注目し、会議の各段階で具体的に何をすべきかを意識するように、会議の組み立てについてもう一歩踏み込みましょう。

これは会議の単純なアジェンダをつくる心構えや会議前の根回し、あるいは少なくとも会議冒頭でアジェンダを交渉して相手の同意をとっておくとよいなどという水準の話ではありません。確かに、アジェンダの策定は会議を方向づけるものであり、交渉者ならできる限りのことをすべきです。解決すべき課題を列挙し流れをつけることで、物事に限られた時間でしかるべき順序によって取り組むようになるからです。

しかし、話し合いの内容を示しておくだけでは、不十分です。アジェンダが「人」を忘れ、予測できたはずのことを想定外にしていることが実に多いのです。また、各課題を扱う能力や課題の深さなどはアジェンダには載らないものです。検討すべきは、より広範なアジェンダ、いわばメタ・アジェンダです。

紙に書き出さないが、しっかりした会議を実現するために必要な側面があることは知られています。こうした側面のいくつかは公式のアジェンダには現れず、会議の展開により注視しなければならないことを交渉者は認識しているのです。「公式」のアジェンダには紹介や締めくくりの時間がとってありますが、「いかなる」導入や締めくくりにおいても、きちんと成すべきことについて、鍵となるガイドラインを強調することが大切です。

たとえば、はじめも最後も人に焦点を置き、そうした焦点が何を意味しているかを示すことです。公式アジェンダの紹介のところには、「ウェルカム」としか書かれていないかもしれません。しかし、そこでできることは、たくさんあります。

人々に挨拶をしたり、「上着を脱いで楽にしてください」とうながしたり、飲み物などを勧めたり。会議開始時の細かいことは、公式のアジェンダ以外の暗黙のメタ・アジェンダを扱う能力にかかっています。「人を第一にせよ」という交渉学の原則もこれなのです。

紙のアジェンダには、会議の最後に「その他」と書かれていることがよくあります。文字通り種々雑多なことですが、私たちがまだ気づいていない「するべきこと」があります。どのアジェンダでも最後についている「その他」で成すべき重要なことは、人々に焦点を置き直し、確認することです。アジェンダに載っていなくても、自分のメタ・アジェンダとして心に刻み、成すべきことが、これです。

どの会議でも要となるのは人であり、人抜きには何事も成し遂げられないので、このメタ・アジェンダの認識はあなたの会議をぐっと変えるはずです。公式の項目が何であれ、交渉するのは自分であり、この仕事には他者からの支持が必要なのです。サミュエル ベケットが戯曲『勝負の終わり』で述べる「終わりこそがはじまりである」が、まさにこれでしょう。

同様に紙のアジェンダにも、取り組むべき問題があれこれと示されていますが、それらの問題について自分たちが何をしていくかについて、少なくとも頭の中やプロセスの想定上で、明確にわかっていなければなりません。

では、会議はそれを確認するのが目的なのか？ 問題がすでに明確にされている場合は、その解決策を創出するのが目的なのか？ また、問題と選択肢の範囲がすでにわかっている場合は、会議の目的は解決策の評価なのか？ 問題への決断が目的なのか？ これらの中のどれかひとつが目的なのか、その複数あるいは全部が目的なのか？ 問題解決の別の段階の項目が混じっているかもしれません。メタ・アジェンダ上でこうしたことを明確にし、問題の解決に多少の時間がかかっても構想づくりが必要な場合があるのも知っておくべきです。

問題解決には段階の違いがあり、それぞれにメソッドが必要になります。紙のアジェンダ作成は、会議をしっかりと構成することのごく一部です。準備段階ですべき作業はたくさんあります。では、会議病がどう発症するかを観察し、気づくべき明白な症状をみて、予防用のワクチン（具体策）を考えましょう。

対策が必要な10の会議症状

会議病にある多くの症状から、ここでは10の症例と対処法を検討します。

症状1――会議に明確な目的がない

会議が失敗する大きな要因のひとつは、会議に決定的な目的がないことです。そもそも会議を開くべきだったかどうか、会議がなくても解決できたのではないか、などだれも聞かないものです。会議が予定されていたからというだけで、解決すべき具体的項目が何もないまま、開催されたのかもしれません。

参加者リストから外したくないという理由で自分が呼ばれたのかもしれません。自分もこの会議の意味がわからず、出ても何もすることがないのを知ってはいたが、欠席で礼を失してはいけないと思って出ただけかもしれません。

理由は何であれ、どの会議についても「本当にその会議が必要なのか」と、はじめに考えてみましょう。

頭の中にある目的をはっきりさせ、そのうえで会議が必要なのかどうか、自分や他のだれとだれが出席すべきなのかを決めるべきです。会議がキャンセルされるときは、ほとんどの場合、みんな忙しいので喜ぶでしょう。

またたれかが、参加すべきではないとか参加できないとかの理由を説明すれば、関係のない会議につかまったり、自分や他の人たちの時間をムダにしたりするのを避けられます。

症状2――会議の準備がされていない

会議の失敗で報告される第二の理由は、適切な準備がされていないことです。マネジャーたちが会議の目的もわからず、話し合われている問題も知らず、アジェンダもない。終了時刻もないまま次から次へと会議に出るというのは、世界共通です。

会議に出ないといえば、やる気のない人、と思われてしまいます。会議に出てはいても、パソコンや電話で他のことをしている姿もよくみられます。

少なくともアジェンダや簡単な資料が事前配布されるなど、会議が適切に準備されていれば、参加者は招集者が仕事を進めていること、そして自分たちの出席（や欠席）に意味があることがわかるはずです。

症状3――会議の最中に入退出がある

会議には時間が割り当てられます。指定時刻に会議がはじまると思って早めに到着している人は、関係者が揃わない、定数に達しないなどで定刻にはじまらないと、時間がムダになります。

遅れてくる人がいるために、すでに話し合ったことを繰り返すはめになったり、早退する人がいれば、会議の最も大事な部分が抜けたりすることも起こります。

症状4――人へのプロローグがない

多くの会議が、場にいる人々を適切に紹介しないままはじまります。交渉者は機械の修理工とは違います。古いディーゼルエンジン車に暖機運転が必要なように、人も正しいコンディションにしないとスムーズに動きません。会議のはじまりに、人という次元を適切に認識しておけば、交渉の結果もより強いものになります。

症状5――プロローグにプロセスがない

会議の場で人への配慮ができる人が、会議の次の段階に着実に移行するときにベストな人材とはかぎりません。こういうタイプの人は問題を話し合うときに躊躇するか、プロセスの構築という大切な段階を踏まずに問題に突入しがちです。

出席者がアジェンダをきちんと読んで把握している。だから信頼してよいと思い込み、プロセスはよくわかっているはずだと考えてしまうことがあるのです。

しかし、交渉者は人への配慮をした後は、問題解決に移行する前にプロセス、さまざまな段階、関連する手法をよく考えるべきです。会議の目的は何か、目的をどう達成するかを話し合い、進め方に他者も同意しているかどうかの確認に、少し時間をかけるべきです。これは会議の中で、会議自体を交渉するという大切な部分です。

症状6――問題解決のメソッドがない

議論の対象項目の分析が浅いとか、項目の中に根本的な要素が入っていないとかの不備が非常に多くみられます。だれも事前にこの準備をしていないため、問題の本質が見えないまま解決策を議論し、行き着くのもおかしな策になります。

また、何らかの解決策があったとしても、思いつきだけで芽が摘まれてしまい、真剣に検討されない、まるで話し合われないといったことも起こります。問題の浅い理解が表面的な評価による狭い解決策しかもたらさないというトンネル効果は、問題の解決にはまったく役立たない決定にもつながります。

こうなると当然、同じ問題を話し合うために会議を重ねなければならず、前の会議に出た人はいら立ち、堂々巡りをさせられていると感じます。ネス湖の怪獣のように、毎年問題が浮上し、しばらく姿を消したかと思うと、また現れるのです。

他方、深い分析と系統的な方法で問題に取り組み、広範な解決策を備え、これを費用対効果で順位づける適切な方法をもち、喫緊の問題に取り組める、勇気と意思決定能力のある交渉者はまれです。結局何も決まらないか、あっても直前の問題には、まったく無関係な内容に終わり、問題を再発させる会議が多くなるわけです。

症状7――詰め込みすぎのアジェンダ

象を瓶に詰めようとする傾向も会議の効率を阻害する要因です。会議のアジェンダの対象範囲が広すぎて非現実的なのです。

参加者は最初からイライラします。取り組みたい項目はアジェンダでは後回しになっていて、届きそうにありません。深い議論が必要な項目が正しく扱われそうもなかったり、議論の脱線を招きそうな項目があったり、など。

優れた交渉者の能力のひとつは問題の複雑さを量り、出席者を解決に参加させ、素早い解決と持続可能な結果を導くプロセスを創出する力です。

これには決められた時間内に何を現実的にカバーすべきかを把握するための経験も必要です。今回は何に取り組み、次回は何をすべきかを会議の前かはじめに交渉しておくことです。

症状8——成果が出ない

交渉が十分に準備されていない場合、つまり適切な人が場にいない、問題に取り組むための適切な方法がない、議論の方向が定まらない、アジェンダを詰め込みすぎといった場合は、会議の成果が貧弱になる確率が高くなります。フランスにも「大山鳴動して鼠一匹」と同じ表現があります。

症状9——プロセスが正しく終わらない

会議は言葉にはじまり言葉に終わる、その連続です。理想のシナリオは、何に合意しており、何に合意していないかについて参加者が一致しており、要約できていることです。しかし、合意内容に、次の段階ではだれが、いつ、何をすべきかが欠けていることが非常に多いのです。

これでは決まったことへのフォローアップがおかしくなる危険があります。別の会議が必要になり、前の会議で決まったことをどう実行するか、行動計画をどう記述するかを話し合わなければなりません。

そうならないように、会議は最後の5分を確保し、プロセスに集中しなおし、言葉が現実に翻訳されるようにします。参加者には自分の権利と義務に関する明確な指示が残るように、このステップを会議に組み込みましょう。

症状10——人について正しい締めくくりをしない

参加者は会議の間、時間とエネルギーを投入しています。しかし、会議の最後の部分でそのことが省みられていないことが多いので注意すべきです。参加者が当該会議についてもつ最後の印象がそれになるからです。

やはり自分たちが何かポジティブなことをともに成し遂げたいという思いをもって帰るほうがよいでしょう。メタ・アジェンダがここでも鍵になります。締めくくりの言葉は、あたたかく感謝を含んだものであり、別の世界に戻る人たちを励ますものであるべきです。

こうした症状が悪化すると会議病の原因となり、会議を手に負えないものにしかねません。次は、こうした問題を回避するために何ができるかを検討しましょう。

会議をしっかり準備する

交渉者が会議を可視化し、効果的なプロセスを準備する方法を検討しましょう。

会議には3つある動きを可視化する

会議の準備では、参加者にわかる明確なシナリオと、何が起きても使えるロードマップを用意すべきです。ペカー、ランプルゥ、セッキ・ディメジリオ（2015）は、交渉者が相互行為の流れをスムーズにとらえられるよう、会議を単純化して3つのパートで可視化する試みをしています。

会議には楽曲のように、多彩なメロディを調和させる3つの動きがあります。前奏にあたるプロ

図表 18 会議の準備プロセス

ローグ、ダイアローグ、後奏にあたるエピローグです。

・プロローグはゲームの序盤。主たる焦点はまず、最も大切な「人」という要素にあります。ついで紙のアジェンダを越え、会議本体、つまり会議の流れを構造化するプロセスを深く掘りこんでいきます。

・ダイアローグはゲームの中盤。会議中は、一方が話すときには耳を傾け、次に自分が話すという建設的な対話で問題に取り組みます。

・エピローグはゲームの終盤。責任ある交渉者が次の段階のプロセスに引き継ぐ要素を示し、あらためて人にしっかり焦点をあてて締めくくります。

非常に多くみられるのが、交渉者が会議の中心課題にとらわれ、会議がはじまるとすぐ人とプロセスを忘れる傾向です。はなから関係性や参加者間の相互関係を無視し、先を急ぎ、しかもA点からB点まで行くのには、もっと効果的な道がある。つまり、別のプロセスの可能性も省みなくなります。

どの会議にも、交渉したり即興で対処したりしなければならない他の流れがある可能性がありますが、ここでは「理想の」会議を次の5つのステップから述べます

①人と②プロセスではじまり、次に③問題、そして④プロセス、⑤人に戻るかたちです。このアプローチに特徴的な最初と最後の人とプロセスは、問題解決を安定させる入口の門と出口の門です。このように交渉者は、目の前の人々をしっかり見つめ、相手との間にラポールと信頼を築き維持することの大切さや交渉がはじまり、展開し、そして終了するまでの経過やプロセス上の課題を構築する各ステップを、天井にとまる虫のように複眼で俯瞰してとらえるのです。

しっかりと会議で交渉することで、会議の中で自分が心理的・技術的な潤滑剤になっていることにあなたは気づくでしょう。周りの方々との関係も、今後の交流もよりスムーズになります。人の世話役、会議プロセスのファシリテーター、また、問題解決人、これら三役をあなたはひとりでこなすことができるのです。

「7つのP」の準備をする

上の5つの段階には「7つのP」を常に用意しておかなくてはなりません。

①**「人（People）」**——予め問うべき質問があります。だれが会議に来るのか？　氏名、経歴、地位などは？　交渉が進んだとき、彼らが演じる役割は？　一人ひとりにどう目を向け、認識を常に言葉や態度でどう伝えるか？　人という要素を

最優先事項にしておくにはどうするか？　周りの人たちも大切にしていることを伝えるには表情やボディランゲージを含め、どんなシグナルを使うか？　相手への認識、相手の資料、見解、感情に対する理解をどう改善するか？　相手の隠れたシグナル、見えるシグナルをどうキャッチするか？

言葉だけではなく、顔つきや微妙なジェスチャーによって発している感情はどう聞き取り、とらえるか？　常に他の人たちに興味を持たせたり、自信を持たせたりするにはどうするか？　こうしたことの一部は、はっきりと交渉すべきときもあり、間接的に行えるときもあります。相手を食事に誘うのも関係を築く一般的な手法です。公式の会議の場以外でも、相手を思っているという姿勢を示す行動です。文化によっては、こうした申し出をしないことや、断るのは失礼とみなされます。

② **「目的（Purpose）」**——交渉者は常に目的を自覚し、再確認しなければなりません。なぜ、会議を開くのか、何を成し遂げたいのか、そして会議の各段階で何を目的とするのかが明確でなければなりません。成し遂げようとしているのは何なのか。努力の対象は関係の強化か、プロセスの構築か、問題の解決か。

こうした目的は流れで示されることもあり、会議の中で潮の干満のように反復されることもあり、前の目的に戻り、焦点をあて直さなければならないこともあります。

たとえば、解決案の策定中に相手との間に緊張を感じたら、相手への視点が「それていた」のが原因かもしれません。「人」という要素がおろそかになっていたのです。こうしたときはすでに関係強化はすませたと思っていても、あらためて関係に焦点をあて、状況を落ち着かせてから、当初の目的に戻るとよいでしょう。

③「プロセス（Process）の動きや方法」——

会議の場での人へのことがクリアされたら、次の動きに移ることができます。目標設定などに合わせて物事を実行するためにはどうしたらよいか？

優れた成果をもたらす確率を最大にするためには、どんな技法があるか？　相手の反応や発してくるシグナルに合わせて方法を調整し、最調整するにはどうしたらよいか？　会議ですぐに解決できるものは何で、相手のインプットや支援を待つために宿題にする課題は何か？

時や相手によって方法の効果は異なり、方法の変更も必要になります。プロセス志向の人は私たちの推論の根拠をすべて理解する必要があると考えるでしょう。それゆえ、私たちが提案するメソッドはしっかりと練り上げられたものであり、期限を設けたものである必要があります。

アイディア志向の人は、ブレイン・ストーミングの手法や斬新な解決策を話し合うのを好むでしょう。アクション志向の人は、スピード重視で、細かいことは省いて具体的な解決策を述べ、迅速な処理を好むでしょう。人を重視する人は、全員が共有する結論や利害関係者全員が平等の関係を保っていることを大切に考えるでしょう。

つまり、会議の段階によって必要な手法が違うかもしれませんし、一部の人が歓迎する手法も、他の人たちは反発するということもあります。関係志向の人は温かい紹介を好み、課題が論争化すると不快に感じて意欲を失うかもしれません。アクション志向の人は、人の紹介はもとよりプロセスも飛ばし、中世の軽騎兵のような性急な振る舞いで相手を不快にさせても、最終結論を急ぐほうを好むでしょう。要するに交渉者は、プロセスの動きを目的と相手に合わせて調整する交渉をしなくてはならないのです。

④「原則（Principles）」――各段階で全体としての成功可能性を高めるには、どのようなガイドラインを意識しておくべきでしょうか。人道的任務や調停では、プロセスの全段階で中立と公平の原則が貫かれなくてはなりません。全員が同じ視点にいることを確認するために、仕事に取りかかる前にこれらを再確認しなければならないこともあります。

対話を保つために、相手の話を遮らないという原則を適用するのもよいでしょう。文化によっては話を遮るのが常識だったり、無礼になったり、いろいろです。問題解決のためのブレイン・ストーミングでは、判断や評価をしないという原則があります。

熱い議論を戦わせる前でも後でも、関係を構築したり修復したりする食事の席では、政治やビジネスの話題は適切ではないでしょう。例外はせいぜい食後のフルーツやデザートのときのみです。こうした原則には、会議の最初から終わりまであてはまるものもあれば、会議の特定の段階に合うものもあります。ですから、交渉者は目的とプロセスの動きに合わせて原則を調整し、交渉する必要があるのです。

⑤「プランニング（Planning）」――会議の各部にどれだけ時間を投入すべきかは、場合によって違います。関係が傷んでいるときは、関係を修復するための会食に時間をとる必要があるかもしれません。良い関係が築けていれば「公式の」会議がはじまる「前」のコーヒータイムだけでよいかもしれません。

関係という側面を会議の一部とは考えない向きもあるでしょうが、交渉者の目的は関係構築と取引の双方にあるので、やはりアジェンダの一部として事前に話し合う必要があります。交渉を休む

「オフ」の時間も計画し、スケジュールに組み込むべきです。それが幅のあるアジェンダに役立つからです。

ビジネスではネットワーキングは取引に役立ちます。タイトなスケジュールは問題解決にとどまり、最適解には届かない取引をもたらすことがままあります。ラリー・サスカインドがいうように「速く進みたければ、ゆっくり進むべき」で、人とプロセスに時間をとらなくてはならないのです。この「余分な」時間がムダに思われることも多いのですが、実際は促進剤となります。交渉者にはこの目的のために時間を調整する交渉も必要です。

⑥**「場所（Place）」**――（文化も含む）人や目的に合わせ、プロセスに適し、計画に沿った成果を得るチャンスを増やすために、環境条件に対応するにはどうするか。かつてジム・ベーカーは「政策が入れ物を規定すべきであり、その逆であってはならない」と述べています。室内の椅子やテーブルの現状を当然と思い、できたはずの配置換えを思いつかないことがしばしばあります。

しかし、多くの場合、目的に合わせて事前に室内配置を変えられるはずです。関係づくりには、冷たい部屋やカフェよりも、温かな雰囲気のレストランのほうがよいでしょう。

多くのアイディアを生み出すブレイン・ストーミングならフリップチャートのあるオフィスがよく、テーブルはいらないでしょう。交渉者は目的に合わせて場所も交渉した方がよく、できれば事前に調整しておきましょう。さもないと「会議中に」交渉せざるをえず、そちらの方が大変だからです。

⑦**「成果（Products）」**――会議の前に頭に思い描いているのは、どんな成果か？ 自分の目的に対して成し遂げる、あるいは目標の達成度を示す成功の指標は何か？ 関係が短期的ないし、長

図表19　会議のスクリプト

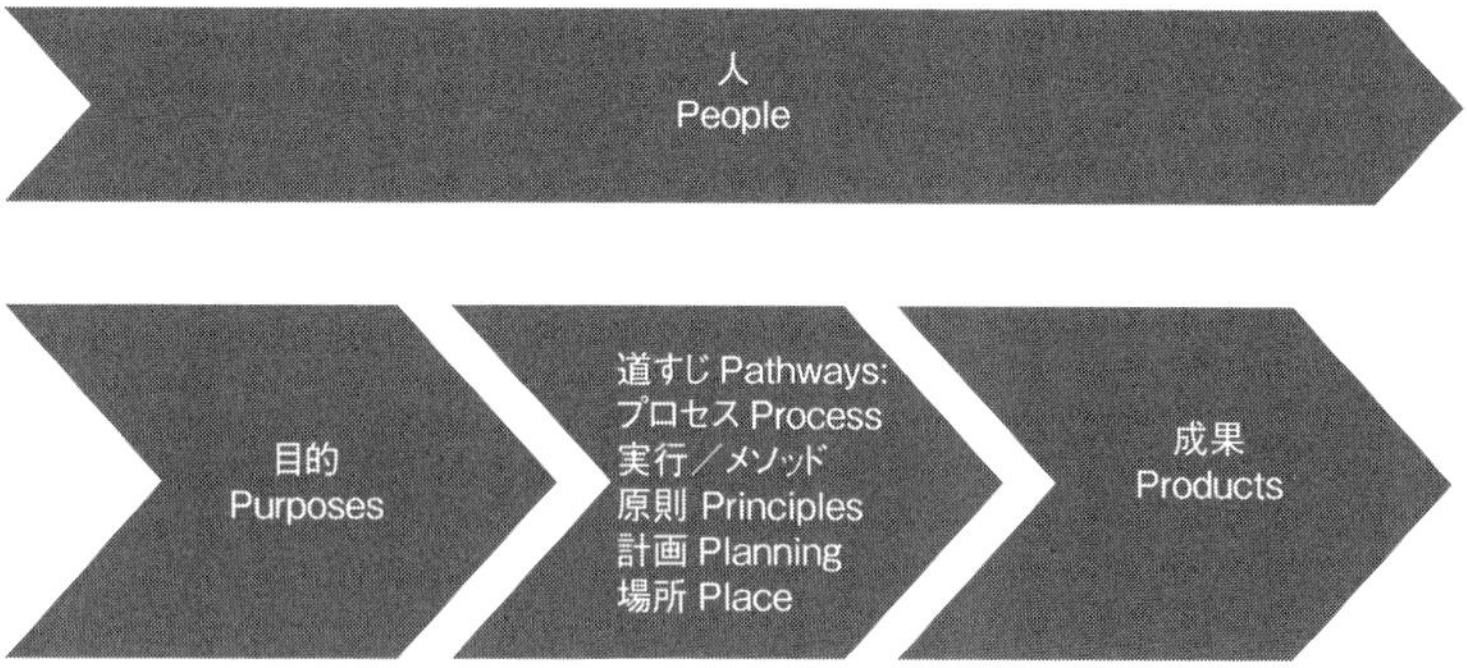

期的に改善したことは何で示されるのか？

　設定したプロセスがスムーズに進んだかどうかは、どう評価されるのか？　問題分析が徹底していたかどうか、解決策が創造的だったかどうかはどう判断されるのか？　下した決断の実行可能性はどう予測されるのか？

　出席者が交渉から帰るとき、彼らの感想は評価するのか？　交渉者は設定した目標の達成をプロセスの要素（プロセスの動き、原則、計画、場所）から描写する必要があります。

しっかりと会議を進める

　会議の導入部から終了まで全体を通して、会議を交渉する３つの動きの詳細をみていきましょう。多くの会議のはじめから終わりに適合する８つの目的を順番にあげています。

		目的（目標）→	プロセスの実行（メソッド）→	成果
		(4)解決策の創案	ブレイン・ストーミングのルール（できる限り多くの案を出す、おかしいと思われるものであっても、判断や評価はしない）を再確認する。ブレインストーミングのルールと役割分担（ファシリテーター、板書、要約作成担当）の合意について確認する。ブレインストーミング。提案。創造性。参加者の反応を常に観察する。「おかしな」案や好まない案に耳を傾けることの意義を伝える。人びとにより発言を促す。フリップチャートの案をだれかに記録させる。	解決策の選択肢のための多くの案のリスト。
		(5)解決策の評価	案を議論する。SWOT 分析。長所・短所、費用対効果分析。価値創造の観点とそれぞれの配分の観点から解決策をランクづけする。根拠による分類、ランクづけ、検査、守るべき絶対条件の再確認。焦点への反応やいくつかの解決策を除くことを述べる。さまざまな条件を統合するための調整を提案する。新たな指示により多くの時間を配分する提案。実現可能性のチェック。遵法チェック等	より整理されたリスト。より有効な順にランキングされた選択肢。いくつかの解決策の除外。
		(6)決断	要約、原案作成、次に相手に対応させるためのワンテキスト手続きやブラケットアプローチの活用、建設的な変更、報告、クローズド・クエスチョンの利用、同意の提示、満場一致、合意形成、多数決の利用、階層統制、非合意事項の補足表示、条件付き項目や解決後解決。	指令、契約、解決、MOU（基本合意）。
パート3　エピローグ		(7)実行	次の段階。だれが何をいつまでに何を使って成すか。次の会議日程の決定。フォローアップとレビュー（効果確認評価）の仕組みづくり。合意の変更の可能性。評価と最終結果の持ち帰り。	アクションプラン。経過観察の仕組み。
	人	(8)承認	対話者への感謝、コーヒー、祝賀、祝会、シャンパン、ディナー、カラオケ、握手、記念品、出席者への挨拶。	向上した信頼。協業して成功したことへの満足。再会の希望。

図表20 協調志向と競合志向

		目的（目標）→	プロセスの実行（メソッド）→	成果
パート1 プロローグ	人	(1)関係構築	笑顔。オープンな姿勢（手や腕を広げて、歓迎の意を表す）。文化的に期待される挨拶への気づき（注意）。握手（ふさわしい場合）。相手の目を見る（もしくは直視しない）。相手が態度で示している快（不快）のサインに注意する。上着を脱ぐのを手伝う。上着を掛けてあげる。椅子や飲み物を勧める。緊張を解くあらゆる動作。名刺交換。贈り物を渡す（交換する）。個人的な紹介。導入。ちょっとした会話。複数の一般的な質問をする（「いかがでしたか?」と「ご旅行はどうでしたか?」）。たわいもないおしゃべり。コーヒーやお茶。食事。（自らをネタとした）冗談。気軽な呼び方（英語圏などでは下の名前で呼ぶなど）をしてよいかの可能性など。	全員の笑顔。居心地の良さを共有していると感じている態度。腕や脚を組まなくなる。仕事の雰囲気ができ上がる。協働の気運が高まる。
	プロセス	(2)会議の組織化	「7つのP」メソッドのうちのいくつかを使ったアジェンダ設定。会議の目的、プロセスの実行、人の役割、計画、場、成果物。次の会議へのプロセス、原則の批准、原則に則った橋渡し	ロードマップ。枠組みへの同意。目的の明確化。アジェンダへの合意。ルールと原則。参加者の役割分担。使うメソッド。現実的な時間枠。
パート2 ダイアローグ		(3)問題の明確化	オープンクエスチョン。傾聴。周辺の情報を探索。情報と事実をチェックする関連事実の認定。リアクション（反応）の観察。情報の維持と、かすかなサインを観察する。別の要素や事実を議論に提供する。すでに話した人に、他者に話をさせるようにお願いする。問題の別のレベルについて分析する。緊急性と重要性の観点から、問題をランク分けする。より緊急度や重要度の低い問題は、後日の議題とすることを検討する。	合同の診断。おのおのの問題への説明。注目している問題の優先順位。そして、他の問題への注目は後回しにすること。問題の(再)整理。

それぞれが良い成果への可能性を高める方法やアドホックのプロセス、あるいは成功の指標とつながります。図表20は会議の各段階で考えられるスクリプトで、次に詳細を説明します。

会議の導入の最初は「人」

会議では特にプロローグの段階で、そこに集まっている人たちのことを忘れがちです。ふたりでも3人以上でも、会議は人の集まりです。ですから第一の目的は常に、その場にいる人たちがお互いに「強いつながり」を感じることです。一人ひとりがチームの一員として歓迎されている感覚をもつことを最優先に据えるのは、そのためです。

> シエラレオネの調停会議ではファシリテーターが早くから着いていて、入室してくる一人ひとりに挨拶していた。最初に入室した男性は名札がないまま着席した。ファシリテーターは立ち上がって目を見つめ、出席への感謝と楽にしてくれるよう述べて、歓迎の意を示した。
>
> 幸運だったのは、その人物が主催国の要職にあり、彼女のこうした行動で謝意が伝わったことだった。どんな社会的・政治的な立場でも、ひとたび出席者となればどの人も大切になる。この日ファシリテーターは好条件ではじめられたし、たまたま彼は防衛大臣でグループワークでは大きな貢献をした。

会議の導入の次は「プロセス」

導入段階の第二の優先事項は会議自体のプロセ

スの構成です。事前にアジェンダが定められていれば、再確認するときです。

何も決まっていなければ、前述の7つのPを明確にするか交渉する必要があります。

①特定の会議やスケジュールされそうな他の会議の目的。会議の目的にも、久しくあっていなかった相手の再確認、作業計画の確定、問題の別の側面の理解、可能な解決策をできるだけ多く考え出す、あるいはその組み合わせなどがあります。

②こうした目的に合うプロセスの動きやメソッド（ブレインストーミング、ワンテキスト手続など）。

③原則。たとえば、参加者間の結びつきや信頼（対話では相手の発言を遮らない、会話の秘匿性）や効率強化のために当事者間で守るべきルール（発言は挙手で求めることや、仲裁に入るときには短くすることなど）の設定。

④出席すべき人および彼らの明確な役割（モデレーター、時間管理、報告書作成、板書、専門家、提供者、オブザーバーなど）。

⑤計画。全体でかけられる時間、各ポイントに必要な時間など。

⑥場所。どのような配置や再配置で場をつくるのか、目的別に適した部屋（総会用、部会用）、備品や使用機材（丸テーブル、プロジェクター、PC設置と技術補助、フリップチャート、ペンなど）

⑦参加者が実現しようとしている成果、および目的達成の指標。

参加者とプロセスを構築したり、確認したり、交渉したときは、目に見える方法で合意しておくことが重要です。交渉に入る前のこの段階で、参加者がそのプロセスを受け入れ、承認していることが大切です。

そのためにも全体を見渡して参加者をよく観察しなくてはなりません。満足そうか、イライラしているか、退屈そうか場の一人ひとりの感情の状態を把握しておけば、会議をスムーズに進める対策をとれます。こうして問題にとりかかるという会議の中心に進む態勢になります。

問題解決には対話が必要になる

会議では問題から解決へと一気に進めたくなり、急ぎすぎると、問題解決自体の構造的アプローチの重要性を忘れる危険性があります。問題に適した解決策を見出す可能性を高めたければ、問題にしっかり対応し、適切に行動し、4つの目的に順番に取り組む必要があります。

①**「問題の確認」**——表面上の問題が、分析と情報収集が必要な何らかの深い問題の兆候だということがあります。

あるソフトウェア会社でふたりの共同創業者が、一方が自分の時間を利用して開発したソフトウェアの所有権で争いになりました。問題は法的な争点にみえましたが、調停人がふたりへの面談など綿密な調査をすると、彼らの会社が機能不全状態で両者の関係が壊れていたことがわかり、持続可能な解決に取り組むには、問題に複数のレベルで対処する必要が出てきたのでした。

②**「解決策の創出」**——解決案の出方によっては、出席者は自分たちの最初の解決案がそれしかなく、また最良だと思い込むことがあります。これにとらわれると、会議がますます全体のためになり、さらに価値をもたらす他の可能性が見えな

くなります。

> 先のふたりの一方は、雇用契約違反で相手を告訴するしかないと考えるかもしれません。だがもう少し考え、ブレイン・ストーミングをすると、別の解決も話し合えることに気づくかもしれない。両者はお互いの関係と信頼を修復しつつ、ソフトの問題は別の広い文脈で解決し、ガバナンスと販売部門を再編して、会社を立て直すという構想に至る可能性もあります。

③**「解決策の評価」**――人間は評価を下したがる生き物ですが、解決策を創出する段階が適切に行われ、ブレイン・ストーミングで多様なアイディアが生まれていれば、どの解決策が最も問題に対応するかを当事者が共有しているものです。

オープンなブレイン・ストーミングは、可能な解決案を同じグループで評価できるようにします。費用対効果分析も文脈による解決策の機能の評価に役立ちます。

> 先のふたりは、告訴するか法廷外で和解するかの選択に直面して、後者の方がコストもリスクも疲労も少なくてすむだろうと気づき、また、そのソフトを社内で再統合するか社外のベンチャーキャピタリストに売却するかという問題によって、会社の立て直しがはるかに価値を生むことに気づきました。

④**「決定」**――会議が進み、合意事項を記述し、全員が受け入れられる決定を試みるときが来ます。

ふたりの間の関係に注目し、はじめから終わりまでミーティングに出ていた調停人が両者の考え出した内容を板書するプロセスをとります。書き出した内容が正しいことを確認し、双方がそれを認め、握手をして和解文書に署名しました。

「最後の5分」こそ、実行の真の締めくくり

文言を整えて合意を仕上げると、会議が終わったと思うことがよくあります。しかし、こうした文言は実行されなければなりません。重要なのは「合意に到達する」ことではなく「合意を実行する」ことです。交渉者はこの段階で全員が本当に同じ見解を共有していることを確かめる必要があります。

次の目的が「実行すること」にあるのを、全員で確認すべきです。だれが、何を、だれに、いつ行うのかを正確に理解している必要があります。アクションプランは合意書より重要で、次のステップを明確にし、監視機能も備えます。必要に応じて、合意内容の修正、終了、調整のための会議も含まれます。会議後に合意内容が具体化されずに、問題になることは非常に多いのです。したがって、会議ではアクションプランに向かうためにできることはすべてやっておく必要があります。

改めて人を認識する

会議は参加者がお互いを認め合うまでは終わらないものと考えてください。長い会議は、フラストレーションをぶつけ合い、関係にも負担を強います。締めくくりの前に、彼らの労苦と達成を讃えましょう。

ともに戦った仲間をさらに動機づけるために、仕事としての会議から一歩離れ、より非公式の場でお互いを知る機会をつくりましょう。コーヒーでもよいでしょうし、ディナーならなおよいでしょう。祝いましょう！　会議のαとω、つまり、はじめも最後も人なのです。

しっかりと交渉するために

長い文を読むと内容を忘れがちです。交渉のときに、自身がしっかりした会議のスクリプトを思い出すことです。それはシンプルなことで、ゲームがはじまったら、まず人に配慮し、プロセスをうながします。

ゲームの中盤は問題解決です。そしてゲームの終盤では、次の段階のプロセスを見つめなおし、そしてあらためて人に焦点をおくのです。

ミシェル・ペカー
(Michele Pekar)

CO-DEV 取締役、オックスフォード大学サイード経営大学校 PON（プログラム・オン・ネゴシエーション）

ハーバード大学神学研究科で修士号取得後、米国ウィスコンシン州議会の立法実務に携わる。ハーバード大学 Development Office に 1990 年～ 1995 年まで勤務し、1997 年からフランス ESSEC 経営大学院 MBA 課程の国際開発ディレクターを経て、交渉と仲裁のコンサルティング・ファーム CO-DEV のマネージング・ディレクターを務める。ランプルゥ氏の著書『The First Move：A Negotiator's Companion』の英語版編集を担当し、現在は、オックスフォード大学 Said Business School の Programme on Negotiation のファカルティ・メンバーとしてグローバルな MBA 教育を担当。

アラン・ランプルゥ
(Alain Lempereur)

ブランダイス大学教授、ハーバード大学 PON（プログラム・オン・ネゴシエーション）フルブライト・フェローとしてハーバード大学ロースクールで博士号取得後、フランス ESSEC 経営大学院教授として 1995 年 IRENE（欧州交渉教育研究センター）設立。国連調査訓練所（UNITAR）特別フェロー、アフリカ諸国における紛争解決リーダーシップ・プログラム、欧州委員会、ENA（フランス国立行政学院）をはじめ多彩な国際機関、国際企業に交渉および紛争解決の領域で関与している。交渉、調停、リーダーシップに関する著書、論文多数。

おわりに

ＮＰＯ法人日本交渉協会では、日本の交渉力向上の基盤となる人材育成をめざして交渉アナリスト資格制度を創設し、運営しています。その事業の目的を「仁の循環・合一の実現」とし、交渉力向上のための教育事業を推進しています。

私たちは交渉の目的を「奪い合い型の交渉において勝つこと」に位置づけるのではなく、「奪い合い型から価値交換型、そして価値創造型へ交渉の次元を上げること」に設定しています。

そのために自己中心――自己利益の最大化（Focus:Self/Ego）から互恵中心――自他利益の最大化（Focus:Mutual Value）そして志中心――共通目的・目標の実現（Focus:The Greater Good）に導いていく交渉者を養成していくことをその使命としています。

交渉アナリストは、三つの理念「イコール・パートナーシップ」「燮の交渉」「協創（統合）型交渉の実践」を礎にした存在であり、その役割としては大きく二つあります。

一つ目は「対立を両立に変える合意形成の実践」です。二つ目は、「異質なものの結合による新たな価値創造の実践」です。合意形成の当事者、または代理人として、いかに両者の合意の質を高めていくか、ときには自身が緩衝材として、または触媒となり、交渉を導いていくことが求められます。

そして交渉アナリストは、他者との間に壁をつくっていくのではなく、橋をかけるのがその役割です。そういう意味では、「ネゴシエーター」というよりは「ブリッジビルダー」という言葉が、より適切にあてはまります。

交渉者としてのロールモデルは、エドウィン・O・ライシャワーです。ライシャワーは当協会理事長の藤田忠の友人であり、生涯をかけて日本とアメリカの関係構築に力を注ぎました。交渉アナリストの理念の一つである「イコール・パートナーシップ」は、ライシャワーの提唱した精神であり、アメリカと日本の関係を支配と服従の関係から対等で尊敬し合える関係に導くためのライシャワーの信念がそのベースにあります。

ライシャワーが当協会の藤田忠に送ったメッセージがあります。

The world has at least really become one,
and we have to have great skill at negotiating
with each other in this kind of world.

世界は本当に一つになってきています。こうした世界では、私たちはお互いに交渉で課題を解決する豊かな技術を育てなければなりません。

ライシャワーは著書『地球社会の教育——世界市民意識の創造』の中で、「人類は遠からず、地球規模でなければ解決できない多くの深刻な困難に直面するだろう」と予測した上で、「相異なる国民や国家の間に高度の理解と大きな協調の能力がなければならない」と述べています。そうした意味でも「異文化への理解」「大きな協調の能力」としての交渉力は、ますます現代において重要になってきているといえます。

ライシャワーの高き志である「各国の人々が国際理解を深め、世界市民意識を醸成し、社会の問題を交渉によって解決していく」――そうした精神を協会として受け継ぎ、実践し拡げていくことが使命であり、その存在価値だと考えています。しっかりと自分自身が受けもった一隅を「仁の循環・合一の実現」の精神で照らしていきたいと思います。

NPO法人日本交渉協会
安藤雅旺

謝辞

この本の作成にあたり、多くの方々にご支援をいただきました。特別寄稿に快く応じてくださった鈴木有香氏、鄭偉氏、アラン・ランプルゥ氏、ミシェル・ペカー氏、推薦のメッセージを贈ってくださったピーターD・ピーダーセン氏、制作・準備に協力いただいた前嶋裕紀子氏、磯部繁子氏、船戸滉哲氏、出版の機会をつくってくださった生産性出版の髙松克弘氏、村上直子氏、米田智子氏、みなさまのおかげで、この本を完成することができました。心から感謝いたします。

第2章（43～73p）

Boulding, K., 1962, *Conflict and Defense: A General Theory*, Harper & Brothers.
Fisher, R and Ury, W, 1981, *Getting to Yes: Negotiating Agreement without Giving In*, Houghton Mifflin,
Fox, E. and Urwick, L., eds., 1973, *Dynamic Administration: The Collected Papers of Mary Parker Follett,* 2nd. ed., Pitman Publishing.
Kahneman, D. and Tversky, A., 1979, "Prospect Theory: An Analysis of Decision under Risk," *Econometrica*, Vol.XLVII,
Katz, D. and Kahn, R., 1978, *The Social Psychology of Organizations*, 2nd. ed., Wiley
Pruitt, D., 1981, *Negotiation Behavior*, Academic Press,
Raiffa, H., 1981, *The Art and Science of Negotiation: How to Resolve Conflicts and Get the Best out of Bargaining,* Harvard University Press.
Tversky, A. and Kahneman, D., 1974, "Judgment under Uncertainty: Heuristics and Biases," *Science*, Vol. 185, No. 4157.
Thomas, K, 1976, "Conflict and Conflict Management," in Marvin D. Dunnette, ed., *Handbook of Industrial and Organizational Psychology*, pp.889-935.
Walton, R. and McKersie, R., 1965, *A Behavioral Theory of Labor Negotiations: An Analysis of a Social Interaction System*, McGraw-Hill.

平沢健一&安藤雅旺　２０１３、『中国に入っては中国式交渉術に従え！』（日刊工業新聞社）
ブレット・Ｊ・２００３、『交渉力のプロフェッショナル ： ＭＢＡで教える理論と実践』（ダイヤモンド社）
ベイザーマン・Ｍ・&ニール・Ｍ・１９９７、『マネジャーのための交渉の認知心理学』（白桃書房）
ベイザーマン・Ｍ・&ワトキンス・Ｍ・２００７、『予測できた危機をなぜ防げなかったのか？組織・リーダーが克服すべき3つの障壁』（東洋経済新報社）
ミンツバーグ・Ｈ・１９９４、『マネジャーの仕事』（白桃書房）
ランプルゥ・Ａ・&コルソン・Ａ・２０１４、『交渉のメソッド ： リーダーのコアスキル』（白桃書房）
ユーリ・Ｗ・ブレット・Ｊ・&ゴールドバーグ・Ｓ・２００２、『「話し合い」の技術 ： 交渉と紛争解決のデザイン』（白桃書房）

第3章（75～122p）

㈲参照は次の通りです。

(1) H. Raiffa, Negotiation Analysis, Harvard University Press, 2002

(2) H. Raiffa, *Decision Analysis*, Addison-Wesley, 1970R. Howard, and Ali Abbas, *Foundations of Decision Analysis*, Pearson, 2016

(3) H．サイモンは行動科学の観点から満足水準という考えを提唱し、最大基準の欠点を指摘した。また、D・カーネマンは認知心理学の観点から合理的意思決定に無理なことがあると指摘した。

(4) これをR. Keeneyは「Value-Focused Thinking（価値焦点思考）」と命名した。R. L. Keeney, Value-*Focused Thinking*, Harvard University Press, 1992

(5) Wheeler, M. "Negotiation Analysis : An Introduction" *Business Fundamentals*. HBS Publishing, 2001

R. Fisher, and D. Ertel, *Getting Ready to Negotiate*, Penguin Books, 1995

(6) R. Fisher, W. Ury , and B. Patton , *Getting to Yes* , 2nd edition, Century Business, 1992

(7) J. Sebenius, and D. Lax , *3D Negotiation* , Harvard Business School Press, 2006

(8) M. Watkins, *Shaping the Game* , Harvard Business School Press , 2006

第4章（123～187p）

交渉アナリスト2級講座 公式テキスト

『交渉学教科書』（1998文眞堂）

ロイ・J・レビスキー、デイビッド・M・サンダーズ、ジョン・W・ミントン（監訳 藤田忠）

『交渉ハンドブック』（2003 東洋経済新報社）藤田忠

『心理戦に負けない極意』（2009 PHP研究所）藤田忠、安藤雅旺

『マネジャーのための交渉の認知心理学』（1997 白桃書房）マックス・H・ベイザーマン、マーガレット・A・ニール（訳 奥村哲史）

『交渉力 最強のバイブル』（2011 日本経済新聞出版社）ロイ・J・レビスキー、ブルース・バリー、デイビッド・M・サンダース

『新版 ハーバード流交渉術』（1998 阪急コミュニケーションズ）ロジャー・フィッシャー、ウィリアム・ユーリー、ブルース・パットン
『最新ハーバード流3D交渉術』（2007 阪急コミュニケーションズ）デービッド・A・ラックス、ジェームズ・K・セベニウス
『ビジネス交渉と意思決定』（2001 日本経済新聞社） 印南一路
『交渉の達人』（2010 日本経済新聞出版社）ディーパック・マルホトラ、マックス・H・ベイザーマン
『組織行動のマネジメント』（2009 ダイヤモンド社）スティーブン・P・ロビンス
『影響力の武器』（2007 誠信書房） ロバート・B・チャルディーニ

第5章（189〜231p）

『交渉は創造である』（2014 文藝春秋）マイケル・ウィラー
『ウォートン流 人生のすべてにおいてもっとトクをする新しい交渉術』（2012 集英社）スチュアート・ダイアモンド
『交渉のメソッド リーダーのコア・スキル』（2014 白桃書房）アラン・ランプルゥ、オウレリアン・コルソン
『韓非子』（1994 岩波書店）訳注 金谷治
『戦国策』（2005 講談社）訳注 近藤光男
『外交談判法』（1978 岩波書店）カリエール
『交渉の達人』（2010 日本経済新聞出版社）ディーパック・マルホトラ、マックス・H・ベイザーマン
『孫子』（1963 岩波書店）訳注 金谷治
『渋沢百訓』（2010 角川学芸出版）渋沢栄一
『論語』（1999 岩波書店）訳注 金谷治
『孟子』（上・下）（1968 岩波書店）訳注 小林勝人
『伝習録』（2005 中央公論新社）王陽明、訳者 溝口雄三
『わらしべ長者』（1962 岩波書店）木下順二
『維新風雲回顧録』（2010 河出書房新社）田中光顕
『氷川清話』（2000 講談社）勝海舟、編集 江藤淳、松浦玲

『武士道』（１９３８ 岩波書店）新渡戸稲造　訳者　矢内原忠雄
『成功への情熱』（２００１ PHP研究所）稲盛和夫
『稲盛和夫　最後の闘い　ＪＡＬ再生にかけた経営者人生』（２０１３ 日本経済新聞出版社）大西康之

交渉学の実践と応用① （２３２～２５４ｐ）

i Rubin,J. Z., Pruitt, D. G., Kim, S. H. (1994) *Social conflict: Escalation, stalemate and settlement*. (2nd ed.). New York: McGraw-Hill. p.5

ii Coleman, P. T., Kugler, K. G., Bui-Wrozsinska, L., Nowak, A. & Vallancher, R. (2012). *Getting down to basics: A situated model of conflict in social relations*. Negotiation Journal, 28 (1), 7-43.

iii 和田仁孝、中西淑美（２０１４）『医療メディエーション：コンフリクト・マネジメントへのナラティヴ・アプローチ』（有限会社シーニュ）

iv Coleman, P. T., & Ferguson, R. (2014) Making Conflict Work. New York: Houghton Mifflin Harcourt Publishing Company.

v Deutsch, M.（2014）. Cooperation and competition. In *The Handbook of Conflict Resolution: Theory and Practice*. Deutsch, M. & Coleman, P. T., Marcus, E. C., Editors., 3rd Ed Chapter 1, pp.3-28. San Francisco: Jossey-Bass.

vi デヴィッド・ボーム（２００７）『ダイアローグ：対立から共生へ、議論から対話へ』（金山真弓訳、英治出版株式会社）

vii くわしくは　中土井僚『U理論入門：人と組織の問題を劇的に解決する』（PHPエディターズ・グループ）、鈴木有香（２０１７）『人と組織を強くする交渉力：あらゆる紛争をWin-Winで解決するコンフリクト・マネジメント入門第三版』（自由国民社参照のこと）

viii エレン・レイダー、スーザン・コールマン（１９９９）『協調的交渉術のすすめ：国際紛争から家庭問題まで』野沢聡子、鈴木有香、中野恵美訳、株式会社アルク

ix 和田仁孝、中西淑美（２０１４）『医療メディエーション：コンフリクト・マネジメントへのナラティヴ・アプローチ』（有限会社シーニュ）

x ピーター・M・センゲ（２０１１）『学習する組織：システム思考で未来を創造する』枝廣淳子、小田理一郎、中小路佳代子訳、（英治出版株式会社）

xi 和田仁孝、中西淑美（２０１４）『医療メディエーション：コンフリクト・マネジメントへのナラティヴ・アプローチ』（有限会社シーニュ）

xii 石井（２０１３）では、「『価値観(value view)』は金銭・物質的な高低に限らず、思考、判断の真偽・正誤、倫理・道徳的善悪、美的優劣などに関する精神文化層の主観的な見方・考え方や信念・態度を意味する。「『世界観(world view)』は、自分を含む全人類と自然および神・仏・霊魂などの超自然で成り立つ主観的なものの見方や信念・態度のことである。両者は、コミュニケーション活動を方向づける潜在的動因としての重要な文化的・心理的機能を果たすと考

えられる。（354P）」と説明している。石井敏（2013）石井敏、久米昭元他編『異文化コミュニケーション事典』（春風社）

xiii 世界価値観調査（2010-2014）より

xiv エレン・レイダー、スーザン・コールマン（1999）『協調的交渉術のすすめ：国際紛争から家庭問題まで』野沢聡子、鈴木有香、中野恵美訳、（株式会社アルク）

xv ピーター・センゲ他（2003）『フィールドブック：学習する組織「5つの能力」：企業変革をチームで進める最強ツール』柴田昌治、スコラ・コンサルタント訳（日本経済新聞社）

xvi 清武英利（2003）「編集委員が読む：『異文化』企業とともに仕事をしたら」読売新聞2月16日

xvii Coleman & Ferguson（2013）では、目下の者が目上の者の競合的態度に強いストレス、怒りを感じながらも問題が過ぎ去ることをできるだけ、静かに従順に待っているストラテジーは集団主義、権威主義的文化に支えられていると指摘している。

xviii この点はアージスの「推論のはしご」や「スキーマ理論」を参照のこと。

xix 「お兄ちゃんはもっと成績が良かった」という親の叱咤激励は妹にとっては「私は愛されていない」と思う状況。親愛の情としての上司のスキンシップが部下にとってはセクハラ、みんなを楽しませるつもりのジャイアンのカラオケ大会がのび太の苦痛など。

xx たとえば職場でパワハラを受けた否定感情を職場で解決できないため、飲食店、学校、役所など異なる場面でクレームをつけることでうっ憤を晴らそうとする行動と同様なこと。コンフリクトをシステム論的に考える必要があるというのが筆者の立場。

xxi アーノルド・ミンデルらの「プロセス・ワーク」の分野ではダブル・シグナルと言われるもの。

xxii シーナ・アイエンガー（2010）『選択の科学：コロンビア大学ビジネススクール特別講義』櫻井裕子訳、（文藝春秋より）

xxiii ポストモダン哲学に影響を受けている社会科学分野では近代的合理的人間像を否定している。たとえば「行動経済学」など。『錯覚の科学』（文藝春秋）など参考のこと。

xxiv 「ハムレット」第二幕二場　小田島雄志訳より

xxv 「ジュリアス・シーザー」第一幕三場　小田島雄志訳より

交渉学の実践と応用2（255～284p）

i 不確実性回避の文化とは不確実性に対する容認のレベルを示す指数

ii E.T.ホールの概念については、『沈黙のことば』（1966）、『かくれた次元』（1970）、『文化を超えて』（1979）を参照

iii Miziniak, A. (2015). *The Unicultural Advantage: The new cultural roadmap for global business relationships*. Create space publishing

交渉学の実践と応用③（285〜309p）

Lempereur, Alain, Colson, Aurelien, & Pekar, Michele（2010）*The First Move. A Negotiator's Companion*. Wiley.（ランプルゥ，コルソン，ペカー著，奥村哲史訳（2014）『交渉のメソッド リーダーのコア・スキル』（白桃書房）

Lempereur, Alain（2015）" For Responsible Negotiation Meetings: Concocting a Vaccine against Meetingitis. " *Decision Making and Negotiations e-Journal*, Vol.6,#12, Sep 2015 SSRN

Pekar, Michele; Lempereur, Alain; Cecchi-Diméglio, Paola (2015), La valse à trois temps de toute session de négociation ou de mediation: Commencer, continuer et conclure. In: *Interdisciplinary Handbook of Conflict Resolution/Manuel interdisciplinaire des modes amiables de résolution des conflits*. Ed. P. Cecchi-Diméglio & B. Brenneur. Paris (France): Larcier 2015, pp. 387-399

【著者紹介】

藤田忠（ふじた ただし）（第１章）
一橋大学大学院商学研究科修士課程修了。元国際基督教大学教養学部教授。ハーバード大学ではじめて交渉学が伝えられた1973年に在学。帰国後交渉学を日本に伝え、以後日本における交渉学研究の第一人者となる。1973～74年ハーバード燕京研究所客員研究員。NPO法人日本交渉協会名誉理事長。主な著書として、『交渉力の時代』『心理戦に負けない極意（共著）』（PHP研究所）『脅しの理論』『破壊の理論』（光文社）『交渉学研究（上・下）』（プレジデント社）など多数。

奥村哲史（おくむら てつし）（第2章）
早稲田大学大学院商学研究科博士課程修了。滋賀大学教授、名古屋市立大学大学院教授、東京理科大学経営学部教授を経て現在東洋大学経営学部教授。1994年より米国ノースウエスタン大学経営大学院DRRC（紛争解決研究センター）フェロー。2010年フランスESSEC経営大学院客員教授。リスクマネジメント協会顧問。米国Think!Inc. Negotiation Consultant。NPO法人日本交渉協会名誉理事。主な著書として、『ロースクール交渉学（第２版）（共著）』（白桃書房）『組織のイメージと理論（共著）』（創成社）『現代の経営組織論（共著）』（学文社）。主な訳書として、Alain Lempereur & Aurelien Colson著『交渉のメソッド：リーダーのコアスキル』（白桃書房）Max Bazerman & Michael Watkins著『予測できた危機をなぜ防げなかったのか：組織・リーダーが克服すべき３つの障壁』（東洋経済新報社）Jeffrey Pfeffer著『影響力のマネジメント：リーダーのための実行の科学』（東洋経済新報社）Jeanne M. Brett著『交渉力のプロフェッショナル：MBAで教える理論と実践』（ダイヤモンド社）William L. Ury, Jeanne M. Brett, & Stephan B. Goldberg著『「話し合い」の技術：交渉と紛争解決のデザイン』（白桃書房）Max H. Bazerman and Margaret A. Neal著『交渉の認知心理学：戦略的思考の処方箋』（白桃書房）。

土居弘元（どい ひろもと）（第3章）
慶應義塾大学大学院商学研究科修士課程修了。慶応義塾大学大学院商学研究科博士課程単位取得退学。国際基督教大学名誉教授。NPO法人日本交渉協会名誉理事。主な著書として、『企業戦略策定のロジック』『戦略的マネジメント（共著）』（中央経済社）。

望月明彦（もちづき あきひこ）（第4章）
慶應義塾大学大学院経営管理研究科修士課程修了。公認会計士。監査法人トーマツ、アーンストアンドヤング日本法人などを経て、2010年望月公認会計士事務所を開業。日本公認会計士協会東京会研修委員会副委員長（2010～2014）。NPO法人日本交渉協会専務理事。

ネゴねこ「ジン」キャラクターデザイン
株式会社アルファ・デザイン 井上ひいろ

【著者・監修者】

安藤雅旺（あんどう まさあき）（はじめに／おわりに）（第 5 章）
二松学舎大学大学院国際政治経済学研究科修士課程修了。
立教大学大学院ビジネスデザイン研究科修士課程修了（MBA）。
株式会社ジェック（人材開発・組織開発コンサルティング業）での営業経験を経て独立。2001 年株式会社トランスエージェントを設立。2006 年上海に中国法人上海創志企業管理諮詢有限公司を設立。「仁の循環・合一の実現」を理念に、マネジメントイノベーション支援事業、交渉力・協働力向上支援事業、BtoB 営業・マーケティング支援事業を展開している。NPO 法人日本交渉協会代表理事。主な著書として、『心理戦に負けない極意（共著）』（PHP研究所）、『中国に入っては中国式交渉術に従え!（共著）』（日刊工業新聞社）、『逆境を乗り越えるシゴト哲学～論語営業のすすめ』（生産性出版）。論文として、「中国進出日系企業の産業財市場における顧客インターフェイスの研究」（立教大学大学院 MBA プログラム 2011 年度優秀論文賞受賞）。

交渉学ノススメ

2017年8月8日　初版 第1刷発行
2024年3月1日　　　 第7刷発行

編　者　NPO法人日本交渉協会
監　修　安藤 雅旺
発行者　髙松 克弘
発行所　生産性出版
〒150-8307　東京都千代田区平河町2－13－12
日本生産性本部
電話 03-3511-4034
https://www.jpc-net.jp/

印刷・製本　シナノパブリッシングプレス
※乱丁本・落丁本はお取り替えいたします。

ISBN 978-4-8201-2067-4